THAILAND

タイ行ったらこれ食べよう！

地元っ子、旅のリピーターに聞きました。

白石 路以
美濃羽 佐智子

誠文堂新光社

JN243705

อร่อยมาก
DIAMOND BAVONWICH

タイの街を歩いていると、目に入ってくるのは
早朝から真夜中まで、時間を問わず屋台のテーブルを囲んで
楽しそうに食事をするタイの人たちの姿。

食べるのが大好きで、食に対して並々ならぬこだわりを持つ人も多い
お国柄だけに、タイ料理にはかなりのバリエーションがあり
外国人にはあまり知られていない料理もたくさんあります。

この本では、タイの人たちの暮らしに密着した普通のごはんや
現地に住む日本人が、日本の友人たちにおすすめしたい料理、
旅のリピーターが来タイのたびに必ず食べる思い出の味など、
タイ好きたちが心底すすめる〝偏愛メニュー〟だけを紹介しています。

少しでも気になる料理があれば、この本を持ってぜひ挑戦してみてください。
店の人と身振り手振りで交流したり、現地の人に紛れて舌鼓を打つうちに、
最初はピンとこなかった料理を好きになったり、人生最高のひと皿と出合えたり。
タイを心から楽しんでいる自分、を感じられる瞬間がきっと訪れるはずです。
タイとタイ料理がもっと身近になり、もっと好きになる。
この本が、そんな旅をするための小さなきっかけになることを願っています。

白石　路以
美濃羽　佐智子

Best Friends

さぁ、なに食べよう。

目次

【本書について】

※本文では体験者の旅の思い出を含んだ料理についてのコメントを、memoではその料理についての解説を掲載してあります。★★★は、辛さの目安です。

※各ページに掲載している参考価格は2015年11月現在のものです。時期や店、地域によって変わります。

※料理の読み方は現地でポピュラーな発音にしてあります。

※写真のメニュー名には加えた具材等の名称も入っているため、紹介している料理名と多少異なる場合があります。

タイ語で考えるオーダーのコツ

タイ語の意味さえ分かってしまえば注文は簡単。後は言葉を組み合わせればOKだ。例えば「ข้าวผัด（チャーハン）」＋「エビ（กุ้ง）」で「ข้าวผัดกุ้ง（エビ入りチャーハン）」のできあがり。基本的には「調理方法」＋「素材」の順となっているが、細かいことは気にしなくて大丈夫。まずはチャレンジしてみよう。

調理方法

ตำ《タム》
たたく
ส้มตำ
（青パパイヤのサラダ）

ต้ม《トム》
煮る
ต้มยำกุ้ง
（トムヤムクン）

คั่ว《クア》
炒る
ก๋วยเตี๋ยวคั่วไก่
（クイッティアオと鶏肉・玉子の炒り焼き）

ผัด《パット》
炒める
ผัดไทย
（パッタイ）

คลุก《クルック》
混ぜる
ข้าวผัดกระเพราคลุก
（バジル炒め炒飯）

ยำ《ヤム》
和える
ยำถั่วพู
（四角豆の和えもの）

นึ่ง《ヌン》
蒸気で蒸す
ปลานึ่งมะนาว
（蒸した魚のライムがけ）

เผา《パオ》
焦がし焼き
กุ้งเผา
（エビの炭火焼き）

ปิ้ง《ピン》
小片をさっとあぶる
หมูปิ้ง
（豚の串焼き）

ย่าง《ヤーン》
塊をじっくりあぶる
ไก่ย่าง
（焼き鶏）

ลวก《ルアック》
茹でる
หอยแครงลวก
（茹でた赤貝）

พะโล้《パロー》
漢方煮
หมูพะโล้
（中華風豚の角煮）

ทอด《トート》
揚げる
ทอดมันปลา
（タイ風さつま揚げ）

อบ《オップ》
蒸し焼き
กุ้งอบวุ้นเส้น
（エビと春雨の蒸し焼き）

味付け

หวาน《ワーン》
甘い
ซีอิ๊วดำหวาน
（甘い黒醤油）

ผัดขี้เมา《ハッキーマオ》
激辛炒め
ผัดขี้เมาเส้นใหญ่
（センヤイのバジル入りスパイシー炒め）

เผ็ดมาก《ヘットマーク》
激辛
เอาเผ็ดมาก
（すごく辛くして）

เปรี้ยว《プリアオ》
酸っぱい
หมูผัดเปรี้ยวหวาน
（豚の甘酢炒め）

เค็ม《ケム》
塩辛い
ส้มตำไข่เค็ม
（塩玉子入りソムタム）

เผ็ด《ペット》
辛い
อาหารเผ็ด
（辛い料理）

料理の状態

ราดข้าว《ラートカーオ》
ごはんにかける
กะเพราไก่ไข่ดาวราดข้าว
(鶏肉のバジル炒めかけごはん目玉焼き添え)

ราดหน้า《ラートナー》
あんかけ
ราดหน้าเส้นหมี่
(センミーのあんかけ)

แห้ง《ヘン》
スープなし／乾いている
บะหมี่แห้ง
(汁なしラーメン)

น้ำ《ナーム》
スープあり／水っぽい
บะหมี่น้ำ
(汁ありラーメン)

ปั่น《ハン》
スムージー
แตงโมปั่น
(スイカのスムージー)

เย็น《イエン》
冷たい
กาแฟเย็น
(アイスコーヒー)

แยกกับข้าว《イェーク・ガップカーオ》
ごはんと別盛り
—

กับข้าว《ガップカーオ》
おかず
กับข้าวแนะนำ
(おすすめのおかず)

炭水化物系

ก๋วยเตี๋ยว《クィッティアオ》
米麺全般
ก๋วยเตี๋ยวไก่
(鶏肉煮込み米麺)

บะหมี่《バミー》
中華卵麺
บะหมี่น้ำต้มยำ
(トムヤムラーメン)

ข้าวผัด《カオパット》
チャーハン
ข้าวผัดกุ้ง
(エビ入りチャーハン)

ข้าวเหนียว《カオニャオ》
もち米
ข้าวเหนียวมะม่วง
(もち米とマンゴーのデザート)

ข้าว《カーオ》
ごはん
ข้าวมันไก่
(カオマンガイ)

ขนมจีน《カノムチーン》
発酵米麺
ขนมจีนน้ำยา
(タイのカレースープ素麺)

วุ้นเส้น《ウンセン》
春雨
ยำวุ้นเส้น
(春雨サラダ)

เส้นใหญ่《センヤイ》
幅広米麺
เส้นใหญ่ต้มยำแห้ง
(センヤイのトムヤム味汁なし)

เส้นเล็ก《センレック》
中細米麺
เส้นเล็กน้ำ
(汁ありのセンレック)

เส้นหมี่《センミー》
極細米麺
เส้นหมี่หมูน้ำใส
(センミーと豚肉の澄ましスープ)

เกี๊ยว《ギアオ》
ワンタン
บะหมี่เกี๊ยว
(ワンタン入りラーメン)

ほかにもいろいろ

ใส่ถุง《サイトゥン》
袋に入れる

ห่อกลับบ้าน《ホー・グラップバーン》
お持ち帰り

พิเศษ《ピセー》
大盛り

แนะนำ《ネナム》
おすすめ

ทุกอย่าง《トゥックヤーン》
全種類

ใส่กล่อง《サイグロン》
箱に入れる

分かると便利な単語集

肉類

ไก่	鶏肉
หมู	豚肉
เนื้อ	牛肉
เป็ด	アヒル肉
แกะ	羊肉
แพะ	ヤギ肉
กบ	カエル肉
สับ	ミンチ
หมูแดง	チャーシュー
หมูกรอบ	揚げ豚
ไส้กรอก	ソーセージ
กุนเชียง	中華風ソーセージ

肉の部位

คอหมู	豚トロ
ซี่โครง	スペアリブ
ขาหมู	豚足の通称
คากิ	豚足
สามชั้น	豚バラ肉
อกไก่	鶏胸肉
สะโพกไก่	鶏もも肉
หนังไก่	鶏皮
ตีนไก่	鶏の足／もみじ
เครื่องใน	ホルモン
ตับ	レバー
ลิ้น	タン
เลือด	血

魚介類

ปลา	魚
ปลาทู	グルクマ
ปลาดุก	ナマズ
ปลากระพงขาว	スズキ
ปลาช่อน	雷魚
ปลาจาระเม็ด	マナガツオ
ปลานิล	ティラピア
ปลาสำลี	アイブリ
กุ้ง	エビ
ปู	カニ
หอยลาย	アサリ
หอยนางรม	カキ
หอยแมลงภู่	ムール貝の一種
หอยแครง	赤貝
ปลาหมึก	イカ
กั้ง	シャコ
ลูกชิ้น	すり身団子

野菜系

ผัก	野菜
ผักบุ้ง	空芯菜
ขึ้นฉ่าย	中国セロリ
กะหล่ำปลี	キャベツ
มะเขือยาว	ナス
มะเขือเทศ	トマト
แตงกวา	キュウリ
มะระ	ニガウリ
เห็ด	キノコ
หน่อไม้	タケノコ

ลำไย 龍眼

卵・乳製品

ไข่ 卵

ไข่ดาว 目玉焼き

ไข่เจียว 卵焼き

นม 牛乳

เนย バター

スイーツ系

ขนมปัง パン

ขนม 菓子

ขนมเค็ก ケーキ

ไอศครีม アイス

น้ำแข็งไส かき氷

สังขยา カスタードクリーム

ถั่วแดง アズキ

บัวลอย 汁に浮かべた団子

โรตี インド・マレー風クレープ

กาแฟ コーヒー

ชา 茶

ชานม ミルクティー

ขนุน ジャックフルーツ

มะนาว ライム

ส้มโอ ザボン

ฝรั่ง グアバ

แตงโม スイカ

สับปะรด パイナップル

มะพร้าว ココナッツの実

กะทิ ココナッツミルク

กล้วย バナナ

ส้ม オレンジ

เสาวรส パッションフルーツ

แก้วมังกร ドラゴンフルーツ

มังคุด マンゴスチン

เงาะ ランブータン

น้อยหน่า 釈迦頭

ทับทิม ザクロ

ทุเรียน ドリアン

มะขาม タマリンド

ลิ้นจี่ ライチ

มะเฟือง スターフルーツ

ถั่วงอก モヤシ

ต้นหอม ネギ

ถั่วพู 四角豆

ถั่วฝักยาว ササゲ

ถั่วลิสง ピーナツ

ตะไคร้ レモングラス

ผักชี パクチー

สะระแหน่ ミント

กะเพรา ホーリーバジル

โหระพา スイートバジル

ใบมะกรูด コブミカンの葉

ข่า タイショウガ

ขิง ショウガ

กระเทียม ニンニク

พริก 唐辛子

ใบเตย パンダンリーフ

พริกไทย コショウ

フルーツ

มะม่วง マンゴー

มะละกอ パパイヤ

指さしにどうぞ、メニュー一覧

本書に掲載した主な料理を系統ごとに分類した。
注文時に指さしで使っても、何系を食べるか迷った時の参考にも。

肉系

ข้าวพระรามลงสรง
P.42

ต้มข่าไก่
P.54

แกงมัสมั่น
P.52

ข้าวมันไก่
P.48

ข้าวหมูแดง
P.47

ข้าวขาหมู
P.46

ข้าวหมกไก่
P.43

หมูพะโล้
P.81

ผัดพริกแกงหมู
P.80

หมูผัดกะปิ
P.79

ลาบ
P.76

ไก่ย่าง
P.70

ต้มแซบ
P.62

หมูปิ้ง
P.114

ขนมปังหน้าหมู
P.112

ไส้กรอกอีสาน
P.110

ก๋วยจั๊บ
P.99

ก๋วยเตี๋ยวไก่
P.98

魚介系

ออส่วน
P.108

กุ้งทอดกระเทียม
P.82

ปูผัดผงกะหรี่
P.78

หอยลายผัดพริก
P.73

ต้มยำกุ้ง
P.58

โป๊ะแตก
P.55

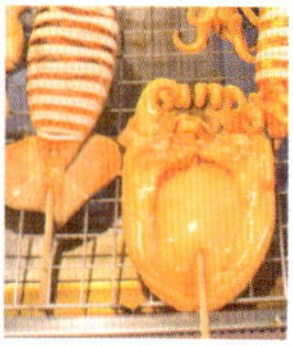
ปลาหมึกย่าง
P.113

ทอดมันปลา
P.111

フルーツ系

ผลไม้ตัดแต่ง
P.119

ตำขนุน
P.25

ส้มตำไทย
P.18

ミックス系

ยำแหนม
P.26

น้ำพริกอ่อง
P.24

ยำเห็ดสด
P.21

ยำมาม่า
P.20

น้ำพริกกะปิ
P.16

ผัดคะน้าหมูกรอบ
P.40

ข้าวผัดกระเพราคลุก
P.39

ผัดกระเพรา
P.38

ข้าวคลุกกะปิ
P.36

จิ้มจุ่ม
P.28

ยำถั่วพู
P.27

หมูมะนาว
P.72

สุกี้
P.94

แกงเขียวหวาน
P.60

ซุปมะระยัดไส้
P.57

แกงเลียง
P.56

ข้าวยำ
P.44

粉もの系

ก๋วยเตี๋ยวเรือ
P.89

เย็นตาโฟ
P.88

ขนมจีน
P.86

ลูกชิ้น
P.118

ปอเปี๊ยะทอด
P.116

ผัดไทย
P.102

ผัดขี้เมาเส้นใหญ่
P.101

ก๋วยเตี๋ยวสุโขทัย
P.100

ข้าวซอย
P.96

ราดหน้าเส้นหมี่
P.92

บะหมี่
P.90

卵系

ก๋วยเตี๋ยวคั่วไก่
P.93

ไข่ลูกเขย
P.75

แกงส้มไข่เจียวชะอม
P.63

ยำไข่ดาว
P.22

มะตะบะ
P.117

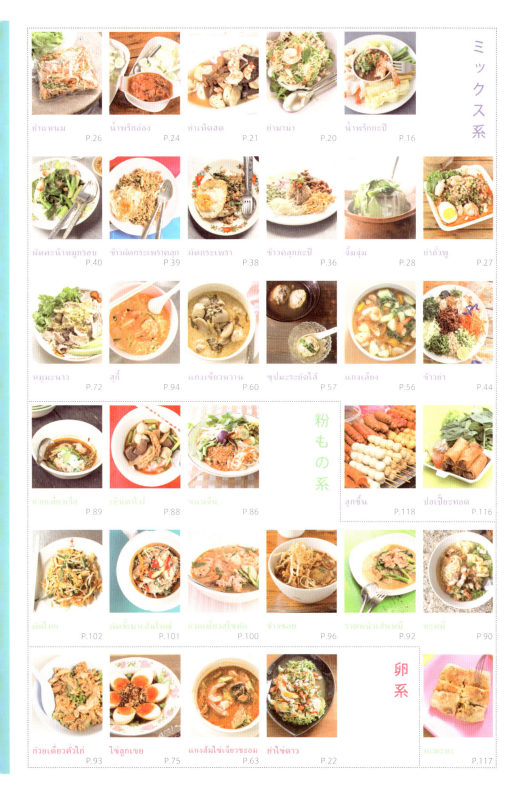

野菜もの

温暖な気候に恵まれたタイの市場には、いつでも新鮮な野菜やハーブが山盛り！前菜から鍋まで野菜をたっぷり味わえるメニューも豊富で、旅先での野菜不足も心配なし。おいしさと栄養がぎゅっと凝縮したひと皿で、舌も体も喜ぶ南国の味を満喫しよう。

辛さレベル★★★

ナムプリックガピ

น้ำพริกกะปิ

辛い！ 濃い！ 旨い！ これぞタイ！！

海外で日本人が恋しくなるものといえば、ごはんと味噌汁が定番。そのタイバージョンがこのナムプリックだそう。タイ料理の基本ともいえる食材を次から次へと加え細かく潰して作るディップのような、味噌のようなこの料理には、辛さと塩気、甘さ、酸味、そして旨みと、タイ料理の魅力である鮮やかな味わいのコントラストがぎゅっと凝縮されている。野菜に少し添えて食べると、辛さがわーっと広がって、隠れていた深い甘さとコクがぎゅいーんと後をひいて、舌のうえにタイ料理の奥深さを叩き付けられたような感覚に包まれる。高級店から道端の屋台まで、どこでも食べられる国民食。日本へ帰る飛行機のなかで、さっそく恋しくなるタイ料理のひとつだ。

現地の人はこう食べる。

★野菜やハーブ、シーフードなどに少量ずつ付けて食べるほか、ほかほかごはんに少量のせながら食べても最高!

★大きいボウルに何種類もの味噌のようなものを並べている店があれば、それがナムプリック屋台。

★屋台で買うと、好みの野菜やハーブを選べることも。

memo

ナムプリックとは唐辛子やニンニク、赤小玉ネギ、ハーブなどさまざまな材料を加え、クロックと呼ばれる臼ですり潰して作るペースト状のディップ。ガピ（小エビを発酵させて作る調味料）を加えたナムプリックガピが定番。ほかに焼き魚入り、タマリンド入りなど種類は豊富。通常、野菜や魚などを添えてサーブされる。

ショーケースにはテイクアウトのパン＆ケーキが。タイ料理も人気で、なかでもナムプリックは、タイのフード雑誌に何度も取り上げられるほどの評判。

右／オートーコー市場（MAP ▶ P.135）で頼んだナムプリックガピプラトゥー（120B）。左／揚げたプラトゥー（グルクマ）にもよく合う。

参考価格：ナムプリックガピ（120B）。MAP ▶ P.138 H 1

辛さレベル ★★★

ソムタムタイ

ส้มตำไทย

夢のパリパリ食感×リアルな辛酸っぱさ

クロック（木臼）をサーク（棒）でポクポク、ポクポクとリズミカルに叩く心地よい音。この音が聞こえてきたら、ソムタムはたぶんすぐそこ。ニンニクと唐辛子をクロックに入れてポクポク、プチトマトとササゲも加えてポクポク、さらに千切りにしたパパイヤを入れたら、パリパリ食感がなくならないよう軽くポクッと混ぜて完成！ もとはイサーン（東北）地方発祥、お皿が真っ赤に染まるほどの激辛料理ながら、バンコク式のソムタムタイは甘さも加わりマイルドで食べやすい。とはいえ、生唐辛子の辛さと、ライムの酸味がパッと広がる味わいは、暑～いタイにぴったりの爽快感だ。タイ人女子の間では、酵素が豊富なダイエット食としても定番。

現地の人はこう食べる。

★唐辛子の本数を指定し、好みの辛さでオーダー。酸味強め、甘さ控えめなどのカスタムオーダーも可能。辛いのが苦手なら、「ペットノーイ（辛さ控えめ）」と伝えよう。

★ソムタムを食べる際に欠かせないのがガイヤーン（P70参照）とカオニャオ（もち米）。カオニャオは手でひと口大に軽くまるめ、ソムタムの汁を浸して食べる人が多い。

memo

ソムタムは青パパイヤのサラダの総称。つぶしたニンニク、生唐辛子、トマト、ササゲ、干しエビに千切りの青パパイヤを混ぜ、ナンプラーとパームシュガー、マナオなどで味を付ける。本場イサーンでは、プラーラー（魚の発酵調味料）や沢ガニなどを加えることも。加える具によりさまざまなバリエーションあり。P30 参照。

右／ビジネス街の屋台では、1人でふらりと食べにくる女性も。外で食べるソムタムは格別！
上／ソムタムと一緒に食べたいガイヤーンとカオニャオ。もち米の甘さが、ソムタムの辛さを緩和する役割も果たしてくれる。

参考価格：ソムタムタイ（40B）。MAP ▶ P.142 P 2

辛さレベル★★★

ヤムママー

ยำมาม่า

インスタント麺で作るサラダ

参考価格：ヤムママー（90B）。MAP ▶ P.138 H 3

タイでのカルチャーショックは数あれど、食の面でインパクトが大きかったのが、インスタント麺の放つ存在感の大きさだ。日本では家庭内でしか見かけないのに、タイでは食堂や屋台で、一品料理として堂々と存在している姿を頻繁に目にする。これもそのひとつ。野菜やエビに彩られ立派な和えもの風だけど、元はインスタント麺。まぁ、おいしいからいいけど。

現地の人はこう食べる。

★ランチにはこれだけでひと皿料理として食べることも。大勢でテーブルを囲む際は、白米と一緒におかずとして食べることもある。

アハーンタームサンと呼ばれる、注文食堂や屋台ならたいていヤムママーを注文できる。お持ち帰りも可能。

memo

茹でたインスタント麺に野菜やシーフードなどを加え、酸っぱ辛く味付けしたもの。味付けの際、インスタント麺のスープの粉を加えることも多い。「ママー」とはタイで人気のインスタント麺ブランドで、現在ではインスタント麺の総称としても使われている。

ヤムヘットソット

辛さレベル ★★☆

ยำเห็ดสด

アツアツがおいしいキノコの山

参考価格：ヤムヘットソット（90B）。MAP ▶ P.138 H 4

さまざまな食材で作られるヤム（酸っぱ辛い和え料理）だけど、キノコのものが気に入っている。外食続きで疲れた胃に、ほのかな酸味と辛さの効いたキノコの山は、どこまでも優しい（ただし辛くしないで、と伝えた場合に限る）。アツアツでテーブルに供されるフクロダケはプリンプリン、キクラゲはコリコリの絶妙食感で、主役にふさわしい存在感に圧倒される。

現地の人はこう食べる。

★キノコがホカホカと温かいうちに食べるとおいしい。
★作り置き屋台より、注文後に作る食堂で食べたいメニュー。

右／ここでは若鶏にこだわったガイトート（鶏の唐揚げ）を一緒にオーダーする人が多い。左／チェコの古い家具がいい雰囲気。

memo

シメジやヒラタケ、エリンギなど、店によって使うキノコの種類はさまざま。ヤムは基本的に辛いことが多いので、オーダー時に辛さの好みを伝えるのを忘れずに。

辛さレベル★★☆

ヤムカイダーオ

ยำไข่ดาว

主役、目玉焼き。脇役、野菜。

辛酸っぱくてほんのり甘みのあるタレと野菜やハーブの組み合わせが魅力のヤム。春雨入りのヤムウンセンは日本でも人気だし、ほかにもたっくさんの種類があるけれど、「これはヤム界でも三本の指に入る……」と思っているのが、少々異色な目玉焼きのヤムだ。タイの目玉焼きは多めの油で揚げ焼きにするので、周囲がちょっと焦げてサクサクの食感に。それをざく切りにして和えると、タレを吸った白身はサクッ&ジュワッ、黄身はほっくりとしていて、いろんな食感が交互に訪れる感じがなんとも楽しい！　しかも野菜たっぷりで、ボリューム面も栄養面も文句なし。たかが目玉焼きをここまでに昇華できるなんて、考えた人の料理センスはかなり高いと思う。

現地の人はこう食べる。

★何かもう一品食べたいな、というときに助かる副菜的な存在。

★目玉焼きが加わることでどっしりとボリュームアップ。スープなどと一緒に白米のおかずとして。

memo

ヤムとは、さまざまな材料を和えて作るタイのピリ辛サラダのこと。野菜、魚介、果物、春雨など、混ぜる食材は多種多様。ナンプラー、砂糖、ライムに輪切りの生唐辛子を効かせた味付けは、日本人にとってかなり辛いことが多い。多めの油を中華鍋に熱し、卵を落として油を周りからかけながら仕上げるとカリッとした目玉焼きに。ざく切りにした野菜やハーブと一緒に酸っぱ辛いヤムダレで和える。意外とボリュームあり。

右／以前は有名人が経営するレストランで働いていたシェフ。職人肌で「いつか自分の店を持つ」という夢を、この店で実現させた。上／敷地内に食堂のあるアパートも多数。なかには驚くほどおいしい店もあって、住民が羨ましい限り。

参考価格：ヤムカイダーオ（50B)。MAP ▶ P.138 G 5

辛さレベル★★☆

ナムプリックオン

น้ำพริกอ่อง

ピリッと辛いタイ版ミートソース

参考価格：右／ナムプリックオン（60B）。左／ナムプリックヌム（60B）。MAP ▶ P.136 B 6

タイの国民食、と紹介したナムプリック（P16参照）は、地方色も豊か。なかでも日本人好みなのが、北部のナムプリックオンだ。トマトとひき肉入りで見た目はミートソースのようだが、野菜に少しつけて食べると濃厚な味わいのなかにピリリと刺すような辛さが広がり、はっきりとタイ料理だとわかる。もし辛いものが好きなら、同じく北部名物のナムプリックヌムもぜひ一緒に。

現地の人はこう食べる。

★生野菜につけて食べると美味。
★どちらも豚の皮を揚げた「ケープムー」ともよく合う。

memo

トマトとひき肉のほかに、唐辛子やガピ（小エビを発酵させた調味料）も入っているので、タイらしい旨みが凝縮。バンコクでは北部料理専門店でしか食べられないので、見かけたらぜひ試したい。

右／店のカウンターには、北部料理のお惣菜がずらっと並ぶ。上／ごはんと一緒に盛り合わせても。

タムカヌン

辛さレベル ★★☆

ตำขนุน

食感はタケノコ!? 不思議な北部料理

チェンマイの友人宅を訪れた時、お母さんが作ってくれた家庭料理。主役は熟す前の若いジャックフルーツ。庭からとってきた実をつぶして炒ると、細かく、柔らかくしたタケノコみたいな食感に。揚げニンニク、唐辛子、パクチー。アクセントもいっぱいで、クセになる楽しい味わい。

現地の人はこう食べる。

★北部ではよく見かけるメニューながら、メインというよりは副菜的な存在のおかず。

★北部料理店でよく見かける、赤米のもち米と食べると格別。

参考価格：タムカヌン（50B）。MAP▶P.136 B 6

memo

熟すと濃厚な甘みと香りのあるジャックフルーツも、若い時は淡白な味わい。サラダ、と紹介されることが多いが、火は通してある。

気になる料理を指させば、ごはんに添えて出してくれる。ごはんとおかずの別盛りも可能。

北部出身、料理自慢のお母さんが切り盛りする店。子どもの頃から食べていた本場の味にこだわりが。

辛さレベル★★★

ヤムネーム

ยำแหนม

口のなかの賑やか度、たぶんNo.1！

バンコクは大都会だけど、ビルの前にはたいてい天秤棒で食べ物を売り歩く人たちがしゃがみこんでいる。これもそんな人たちが売っている定番のひとつ。カリカリやムチムチ、パリパリが共存する食感に、酸味と辛さ、発酵の旨みが混ざり合い、口の中は大騒ぎ！ これぞ、タイ料理の醍醐味。

現地の人はこう食べる。

★辛さの好みを伝えてオーダー。

★添えてあるレタスにのせて、バジルも一緒に包んで食べる。タイ料理に添えられる生野菜やハーブは辛さを軽減する役割も。

参考価格：ヤムネーム（50B）。MAP ▶ P.140 K 7

memo

ネームという発酵ソーセージをライスコロッケやピーナツなどと和える。唐辛子の辛さとライムの酸味がポイント。

まん丸ライスコロッケが、ヤムネームの店の目印。屋台か天秤棒が多い。

並んだ食材や調味料を次々と投入。手際良く混ぜ合わせて、あっという間に完成。

ヤムトゥアプー

ยำถั่วพู

辛さレベル ★★☆

定番沖縄野菜のエスニックな変貌

参考価格：ヤムトゥアプー（100B)。MAP ▶ P.136 B 8

四角豆、またの名をウリズン。某化粧品会社が美容効果に注目し研究しているという沖縄野菜だが、タイでも定番食材。生でも食べるが、現地在住日本人女子に大人気なのが茹でて輪切りにしたこのサラダ。濃厚なタレが淡白な豆の味を引きたてて美味。辛さと甘さのバランスも絶妙だ。

現地の人はこう食べる。

★四角豆以外の具は、エビと豚ひき肉が定番。茹で卵が添えられているのもポイント。

★タレが濃厚なので、もち米と合わせてもおいしい。

memo

チリインオイル、ココナッツミルク、ピーナツなどが入ったタレで、四角豆を和えたもの。まろやかで甘みもあるので、見た目の赤さのわりにはマイルド。

右／カットする前の四角豆。市場では一束20～30円ほど。
左／バイクが行き交う大通り沿いにあるタイらしい食堂。

辛さレベル★★☆

チムチュム

จิ้มจุ่ม

ハーブが香る南国らしいすっきり鍋

夕方から深夜にかけて、タイの街角には素焼きのぽってりとした鍋を囲む人たちが現れる。彼らが食べているのは、イサーン（東北）発祥のハーブ鍋だ。レモングラスやコブミカンの葉でダシをとったスープは、すっきりと爽やか。まず生卵を絡ませた肉類を入れてふたをし、火が少し通ったら野菜も加えてさらに煮る。ふたを取ると、ふわっと広がるハーブの香りはなんとも上品で、タイ料理のイメージが覆されるかも。ただし、悠長なことを言っていられるのは食べる前まで。ハーブで代謝の上がった体に、イサーンらしい辛〜いタレが追い打ちをかけ、食べるほどに汗が止まらなくなってしまう。フハフハと鍋をかき込む熱帯の夜は、なんともオツで思い出深い。

現地の人はこう食べる。

★具は豚、鶏、牛、シーフードなどから選べるほか、野菜盛り合わせが付く。

★チムチュムはシメにごはんや麺などを入れることはない。

memo

肉やシーフードに卵を絡ませてから鍋に入れるのが一般的。具の野菜にもハーブが添えられていたり、タレが１種類だけだったりと、店によってスタイルは多少異なる。

右の写真は鶏と豚のミックスのセット。２人前が目安ながら、量はそんなに多くないので一人旅でも挑戦できそう。旅先で野菜不足が気になった時、鍋料理は強い味方。

左上／右は紅腐乳の入ったまろやか系、左は乾燥唐辛子と炒った米の粉が入ったスッキリ辛い系のタレ。左下／この素焼きの鍋が見えたら、チムチュムが食べられる可能性大！

参考価格：チムチュム（180B）。MAP ▶ P.138 G 9

こんなソムタム、あんなソムタム。

ちょこっと休憩

イサーン（東北）地方の素朴なごはんから、今や世界的に有名になった青パパイヤのサラダ、ソムタム。本場タイには渡りガニ入りや、豚トロ入り、フルーツを使ったものなど、見た目も味もまったく異なる個性豊かなソムタムがいっぱい！　しっかり予習して、めくるめくソムタムワールドを思いっきり満喫しよう！

ตำถาด タムタートッ

タートッ（お盆）に、ソムタムとイサーンの名物料理各種をのせた豪華な一品。半分くらい食べたら、全部の料理を大胆に混ぜても味わい深い。

注文を受けたら、ソムタムの種類や好みの辛さに合わせて一皿ずつ作っていく。とってもリズミカル。

ส้มตำไข่เค็ม

ソムタムカイケム

塩卵入り。独特のしょっぱ辛さを、黄身のまろやかさが中和し美味。

ส้มตำตำซั่ว

ソムタムタムスア

カノムチーン入り。ツルツル＆モチモチの麺がまろやかさをプラス。

ส้มตำคอหมูย่าง

ソムタムコームーヤーン

豚トロ焼き入り。脂のジューシーさと酸っぱ辛さが押し寄せて、美味！

ソムタムを頼むとキャベツやササゲなどの生野菜が付いてくる。辛いなと感じたらポリポリかじろう。

材料を軽く潰しつつ、味をしみ込ませながら混ぜていく。ポクポクポクポクと、おいしそうな音が聞こえる。

オーダーする時には、好みの辛さを伝えて。激辛好き以外は、まず１本から試してみるのがおすすめ。

タムタートッは MAP ▶ P.136 A 10　ソムタムポンラマイは MAP ▶ P.136 B 8
それ以外はすべて MAP ▶ P.142 P 11

ส้มตำผลไม้

ソムタムポンラマイ

リンゴやブドウなどのフルーツを使った、甘辛く南国らしい一品。

ส้มตำมะม่วง

ソムタムマムアン

青マンゴーで作るソムタム。ほのかに甘く、酸味が強めでヘルシー♪

ส้มตำปูปลาร้า

ソムタムプーパラー

塩漬の沢ガニと魚を発酵させた調味料入り。クセがあってとても辛い。

ส้มตำไทย

ソムタムタイ

甘みが強めで、初心者も食べやすい。バンコクの定番ソムタム。

新鮮な生の渡りガニをナンプラーに漬け込む。臭みがなく、トロリとした甘みがソムタムに絶妙にマッチ。

ส้มตำปูม้า

ソムタムプーマー

渡りガニ入り。甘みがあり、クセもないので、沢ガニより食べやすい。

お昼時、ソムタムがズラリと並ぶ姿は圧巻。具や味付けを細かく指示し、カスタマイズするのがタイ人流。

同じイサーン（東北）の炭火鶏肉焼き、ガイヤーンもソムタムと好相性。これでビールがあれば完璧～。

メニューが多めのイサーン食堂なら、さまざまなソムタムが楽しめる。好みのひと皿を探求しよう。

ソムタムのお供、カオニャオ（もち米）。料理が辛すぎた時に食べて一時避難したり、軽く丸めてソムタムの汁を浸して食べてもおいしい。

ソムタム専門屋台では、袋に入れてお持ち帰り。タイでは美容食の定番で、キレイになりたい女子の味方！

10
9

ごはんもの

混ぜたり添えたり炒めたり。日本と同様に米が主食のタイには、さらりと軽くて香りのいいタイ米を、最高においしく食べるためのメニューが盛りだくさん。ガッツリ肉を堪能したり、野菜とハーブでヘルシーに攻めたり。その時の気分に合うごはんものを楽しもう。

辛さレベル☆☆☆

カオクルックガピ

ข้าวคลุกกะปิ

混ぜておいしい南国彩りごはん

はじめて見た時の感想は、「かわいいなー」だった。こんもりと盛られたごはんのまわりには、黄色い薄焼き卵や赤いソーセージ、茶色い豚肉の甘煮に、ササゲ、細切りマンゴー……。盛りつけにうっとりしつつも、タイ人の真似をして、全部の具をよーく混ぜる。豚肉の甘さだったり、青マンゴーの酸味だったり、いろんな味が混ざりあう中で、全体をまとめているのは旨みの固まり！と呼びたいくらい味わい深いガピ（小エビの発酵調味料）で味付けされたごはんの優しさ。ごはんを含め、具は全部常温。熱いものがないから、全体の味わいが均一で、ライムの香りも飛ばずに程よく調和する。外国の料理なのになぜか懐かしさを感じる、かわいくもおいしいひと皿。

現地の人はこう食べる。

★ライムを絞り、ごはんと具をよく混ぜて食べる。
★具だくさんで栄養バランスもいいので、一人でサクッと食べたい時のお手軽ごはんとしても便利。

memo

ガピと呼ばれる小エビを発酵させてペースト状にした調味料で味付けしたごはんに、甘く煮付けた豚肉や青マンゴーの千切り、薄焼き卵などを添え華やかに盛り合わせるのが一般的。よく混ぜ合わせ、ライムを絞って食べる。ちなみにカオはごはん、クルックは混ぜるという意味。

右／よく混ぜて、食材の競演を堪能。唐辛子は辛いので注意。中／タイのレストランには王族関係の写真が飾られていることが多い。ラーマ５世は今でも人望を集めている。左／ピンクとイエローの壁がキッチュでかわいい。

参考価格：カオクルックガピ（45B）。MAP ▶ P.142 P 12

辛さレベル★★★

パットガパオ

ผัดกระเพรา

強烈な香りと刺激はタイそのもの！

ふわっと広がるハーブの香りと食欲をそそるニンニク&唐辛子の刺激臭。ガパオ（バジル炒め）が運ばれてくると、「よし、食べるぞ！」と、少々気合いを入れてから向き合う。辛くて刺激も強いけど、ひと口ごとに夢中になる旨さ。タイ人の定番食は、タイの国そのものとどこか似ているのだ。

現地の人はこう食べる。

★具は鶏肉（ガイ）、豚肉（ムー）、シーフードなどが定番。

★ごはんにかける時は「ラートカーオ」、目玉焼きを付ける時は「カイダーオ」と伝えよう。

参考価格：パットガパオムーラートカーオカイダーオ（60B）。MAP▶P.142 R 13

memo

何を食べるか迷った時、多くのタイ人が「とりあえず」オーダーする定番料理。ガパオとはホーリーバジルを指し、イタリアンバジルより強く、刺激的な香りが特徴。ガパオと肉類などを中華鍋でサッと炒めて作るシンプルな一品。

右／撮影した食堂の看板おじいちゃん。おいしいものを知っている人の顔！　上／素朴なキッチン。

カオパットガパオクルック

辛さレベル★★★

ข้าวผัดกระเพราคลุก

ツウ好みのバジル炒めチャーハン版

参考価格：カオパットガパオクルックガイ（40B）。MAP ▶ P.136 B 14

ガパオ（ホーリーバジル）の香りが恋しいけど、せっかくタイにいるんだから普通のバジル炒めはなぁ……。そんなツウぶりたい気持ちを満たしてくれるひと皿。バジル炒めのチャーハン版で、しっかり炒め合わせてある分、香ばしさ倍増！　普通のバジル炒めより好き、という意見にも納得だ。

現地の人はこう食べる。

★鶏肉（ガイ）やエビ（クン）など、具を指定してオーダーする。

★目玉焼きのトッピングが人気。

★味がうすい時は、唐辛子入りのナンプラーで調整する。

memo

バジルの葉は切らずにそのまま大量投入。肉類はたたいて刻んで粗みじんにしたものを使うのがタイ風。強火でごはんと具の水分をしっかり飛ばし、チャーハン同様パラリと仕上げるのが理想的。

右／炭火を使っているのも、おいしい食堂の条件。左／この道うん十年のおばちゃんが手際よく炒めるガパオクルックは、やっぱりおいしい。

辛さレベル☆☆☆

パッカナームークロープ

ผัดคะน้าหมูกรอบ

カリカリ豚とコリコリ青菜が出合ったら

タイの人たちは、豚肉がすごく好きだ。豚足をトロトロに煮たり、豚の皮をサクサクに揚げたり、豚トロを炭火で炙ったり……。タイで食べ歩きをしていると本当にたくさんの豚肉料理と出合えるが、ムークロープもそのひとつ。巨大な豚肉を大きな中華鍋に注いだ油に塊ごと入れて、ゆっくりと火を通す。だから、表面はカリッ、中はジューシー。完成したムークロープにはいくつかの食べ方があるけれど、青菜とサッと炒め合わせたこの料理は、定番中の定番。家族経営の小さな食堂で頼んだそれは、ごくシンプルだった。ニンニク（と油も！）たっぷり、豚肉はカリカリで青菜の茎はコリコリ。食感の競演が楽しくて、スプーンを動かす手はいつまでも止まらない。

現地の人はこう食べる。

★アハーンタームサンと呼ばれる注文食堂や、お粥食堂などで食べられる。店頭のショーケースに、大きな揚げ豚のかたまりと青菜の山が見えれば確実。

★注文時に「ラートカーオ」と伝えれば白米にかけてくれるので、手軽な一人ごはんにぴったり。

★店によっては唐辛子を入れることもあるので、辛いのが苦手な人はオーダー時に伝えておくのが安心。

memo

カナー（カイラン菜）と揚げ豚を、油とニンニクを熱した中華鍋で炒めたシンプルな料理。じっくり火を通した豚肉の脂身が柔らかく、好きな人にはたまらないはず。カナーは日本の野菜に比べると野趣を感じる青臭さがあり、硬い茎と柔らかな葉の２種類のおいしさが楽しめる。

タイでよく見かける家族経営の食堂。小さな子どもだってお手伝い、がんばる！

撮影した店では、ごはんによく合う蒸しスープも人気。具だくさんでどれも美味。

人気食堂の炊飯器は、どこも常にフル稼働！　タイ米のいい香りがいつも漂う。

炒めものには中華鍋が欠かせない。強火でさっと火を通すのがおいしさの秘訣。

参考価格：パッカナームークロープラートカーオ（50B）。MAP ▶ P.142 R 13

辛さレベル☆☆☆

カオプララームロンソン

ข้าวพระรามลงสรง

誰も知らないタイ料理を目指すなら

参考価格：カオプララームロンソン（40B）。MAP ▶ P.141 O 15

珍しい料理を出す屋台が中華街にあるというので、とりあえず向かう。頭上を注文が飛び交う大混雑のなか、さっそくひと口……。柔らかな豚肉はおいしいけれど、ソースが甘い！ そこで周りのタイ人を見習い、上にのっているチリインオイルとテーブルの酢を混ぜて食べたら、ハッとするような鮮やかな味わいに生まれ変わった。豚肉の下に隠れた空芯菜のパリッとした食感もいい。

現地の人はこう食べる。

★唐辛子入りの酢を適量かけ、チリインオイルも混ぜると、辛さ、酸味、甘さのバランスが整う。

memo

ソースはピーナツベース。長時間かけて煮込まないとならないため、最近はこの料理を出す店が減っているそう。料理名はタイ語で「ラマ王の沐浴」という意味。

右／狭いスペースを見事に活用。　左／ほとんどの客が、近くの屋台のポピアソット（生春巻き）40Bを一緒にオーダーしている。こちらも甘め。

カオモックガイ

辛さレベル☆☆☆

ข้าวหมกไก่

ホロホロチキンのイスラム系贅沢屋台めし

参考価格：カオモックガイ（45B）。スップガイ（40B）MAP▶P.136 B 16

ヘジャブをかぶった女性が手際よく皿によそってくれた料理を食べて、衝撃が走った。スパイスの香りがしみこんだチキンは、ホロホロと柔らかで手がかけられているのがわかる。クローブやレーズン、黄豆などが隠れたライスも香り豊かで、チキンのおいしさをグンと引き立てる名脇役！これがたった150円前後なんて……。昼前後に売り切れるのも納得、納得。

現地の人はこう食べる。

★スパイシーで甘みのあるタレをかけつつ食べるのが現地流。
★ショウガの効いたキリリと辛いスープガイも絶品なので一緒に。

memo

ターメリックライスにチキンを添えた、タイのムスリム料理。最初にチキンを焼き付け、スパイスを入れたスープで煮て、最後にターメリックライスと一緒に炊き上げる。かなり手間のかかる料理。

右／スップハーン（オックステールスープ）も人気。上／歩道沿いの小さな屋台。実は有名店の支店。

辛さレベル☆☆☆

カオヤム

ข้าวยำ

女子力とおいしさの華麗な比例

はじめて見た時は、正直「おいしくなさそう」と思った。ごはんにハーブや生野菜を混ぜるなんて、青臭そう……。それでも食べてみたのは、色鮮やかな食材をまとってこれでもか！と〝女子力の高さ〟を主張しているようなその料理に、負けたくなかったから(かも)。が、食べて感じたのは、完全なる敗北。スライスされたハーブや野菜、フルーツは口のなかでシャクシャクと小気味いい音を立て、酸味や甘さ、辛さ、ハーブの香りが混ざり合う複雑な味わいを、干しエビの旨みと濃厚なタレがまろやかにまとめている。しかも、ところどころに現れるごはん粒の、絶対的な母性と安心感！　南タイの華麗なひと皿は、美しさとおいしさが比例することを教えてくれた。

現地の人はこう食べる。

★タレをかけてライムを絞ったら、全体をよーく混ぜてから食べるのが鉄則！
★タレはかなり甘めなので、味見しながら好みの量を加える。

右／タレは混ぜる前にかけると具とよくなじむ。左／よーく混ぜたらいただきます。粉唐辛子が添えてある場合、辛いので混ぜる量に注意を。

右／カオヤムが食べられるのは南タイ料理の店だけ。屋台のほか、南タイ料理レストランにもある。左／蓮の葉で包まれたお持ち帰り用。

memo

サラダのような、ごはんのような、南タイ料理。ナームブードゥーという南タイ名物の発酵調味料で作る甘みのあるタレが、味わい深さのポイント。レモングラス、コブミカンの葉などのハーブのほか、青いマンゴー、細かく潰したココナッツの実、干しエビなど、とっても具だくさん！

参考価格：カオヤム（45B）。MAP ▶ P 136 A 17

辛さレベル☆☆☆

カオカームー

ข้าวขาหมู

トロトロ絶頂！ 魅惑の豚足煮込み

参考価格：カオカームー（45B）。MAP ▶ P.142 P 18

いつもお客さんでいっぱいの屋台。大きな鍋をのぞきこむと、そこには豚足やゆで卵がどっさり！ じっくりと煮込まれた豚は驚異的に柔らかく、脂身は甘くてトロトロ。赤身を噛みしめると、旨みが口中にじんわりと広がった。普通のカオカームー屋台はごはんの上に豚肉がのっているけど、ここは別盛り。そんなこだわりも人気店らしくてかっこいい！

現地の人はこう食べる。

★甘めなので、卓上の唐辛子入りの酢をかけると好バランス。
★タイの小粒ニンニクや激辛の青唐辛子を合間にかじるのが本場流。

memo

シナモンや八角など、中華スパイスが効いたスープで、カームーという脂身と赤身のバランスがいい豚すね肉や豚足、ホルモン、ゆで卵などをじっくりと煮込んだ料理。添えてある高菜漬けが、程よいアクセント。

右／カームー用の卓上３点セット。生のニンニクと唐辛子は刺激的。
上／大鍋で煮込むことでおいしく！

カオムーデーン

辛さレベル☆☆☆

ข้าวหมูแดง

ふと恋しくなる、三位一体肉ごはん

参考価格：カオムーデーン＜大盛り＞（50B）。MAP ▶ P 137 E 19

まずはチャーシューとごはん、タレを同時に口に運んでみてほしい。濃厚なタレの甘さに一瞬怯むかもしれないけれど、旨さのヒミツを探る気分でじっくりと味わえば、三位一体から生まれる凄みに気づくはずだ。奥深く後をひく、肉、ごはん、タレの三重奏。その潔さが、時々恋しくなる。

現地の人はこう食べる。

★テーブルにある唐辛子入りの甘口醤油をかけると、味に深みが。

★生のネギは合間にかじったり、適当に切って肉にのせ一緒に食べるとすっきりとした後味に。

memo

ムーデーン（赤いチャーシュー）をごはんにのせ、ピーナツや白ゴマの入った濃厚で甘いタレをかけたもの。豚バラを揚げたムークロープや中華風のソーセージ、クンチアンも定番で、3種盛りがおすすめ。

右／ムークロープをテイクアウトするお客さんも多い。上／一度に3種類の肉が食べられるのが嬉しい。

ちょこっと休憩

どっちで食べる！？
超有名店vs地元の名店食べ比べ

S

ไก่ตอนประตูน้ำ

ガイトーンプラトゥーナーム（ゴアーン）

参考価格：カオマンガイ（40B）。MAP ▶ P 139 J 20

日本進出も果たした、カオマンガイ界の超有名店

ゆで鶏とごはん、タレのバランスが絶妙なハーモニーを織り成す究極の鶏料理、カオマンガイ。バンコクに数ある専門店のなかでも、もっとも有名なのが「ガイトーンプラトゥーナーム（ゴアーン）」だ。バンコク店には世界中から人が押し寄せ、昼時は行列必至。おいしさのヒミツは徹底した素材選びにある。使う鶏は柔らかく香りのいい雄鶏のみ、鶏ガラだけをじっくり煮込む澄んだ味わいのスープ、香りのいい上質なジャスミンライスなど、食材に一切の妥協なし。早朝まで開いているので、時間が限られる旅行者にもありがた

右／“ピンクのカオマンガイ”の通称どおり、スタッフはみなピンクのポロシャツを着用。店を探す時の目印。

左／写真付きメニューもあって、オーダーも簡単。茹でたての鶏が食べられて、人も少ない朝の時間帯が狙い目。

カオマンガイ編
ข้าวมันไก่

参考価格：カオマンガイ（40B）。MAP ▶ P.141 N 21

เจ๊กเม้ง

ジェックメン

昼前には売り切れ御免。老舗のカオマンガイ食堂

い。冷めても変わらぬ味わいも感動ものだ。

タイに来たからには、みんなに知られていないカオマンガイを食べたい！なんて人は、ぜひ「ジェックメン」へ。まず、ふっくらとした鶏肉とライスの繊細な味わいがケタ違い！タレ、鶏、ライスが三位一体となると、もう満点においしくて、早朝でもペロリと完食できる。観光客はほとんどいないが、地元の人がひっきりなしに訪れ、お持ち帰り用に大量に買っていく人の姿も引きも切らない。やっぱり、ローカルフードは地元の人に愛されている店に行くのが間違いない。

右／店の人気メニュー、揚げ鶏とゆで鶏のダブルを注文。鶏のおいしさをとことん味わえる。中／鶏やニガウリなど、スープの品揃えも充実している。左／鶏がふっくら柔らかく、早朝でもぺろりとイケる。

カレー・スープもの

日本でもおなじみの辛くて濃厚なカレー系のほかに、すっきりと澄んだハーブのスープや、野菜や魚介の滋味が詰まったものなど、バラエティ豊富なタイの汁もの。これ一品とごはんだけでも十分に満足できる完成度の高さとボリュームは、まさに幸せの味わい。

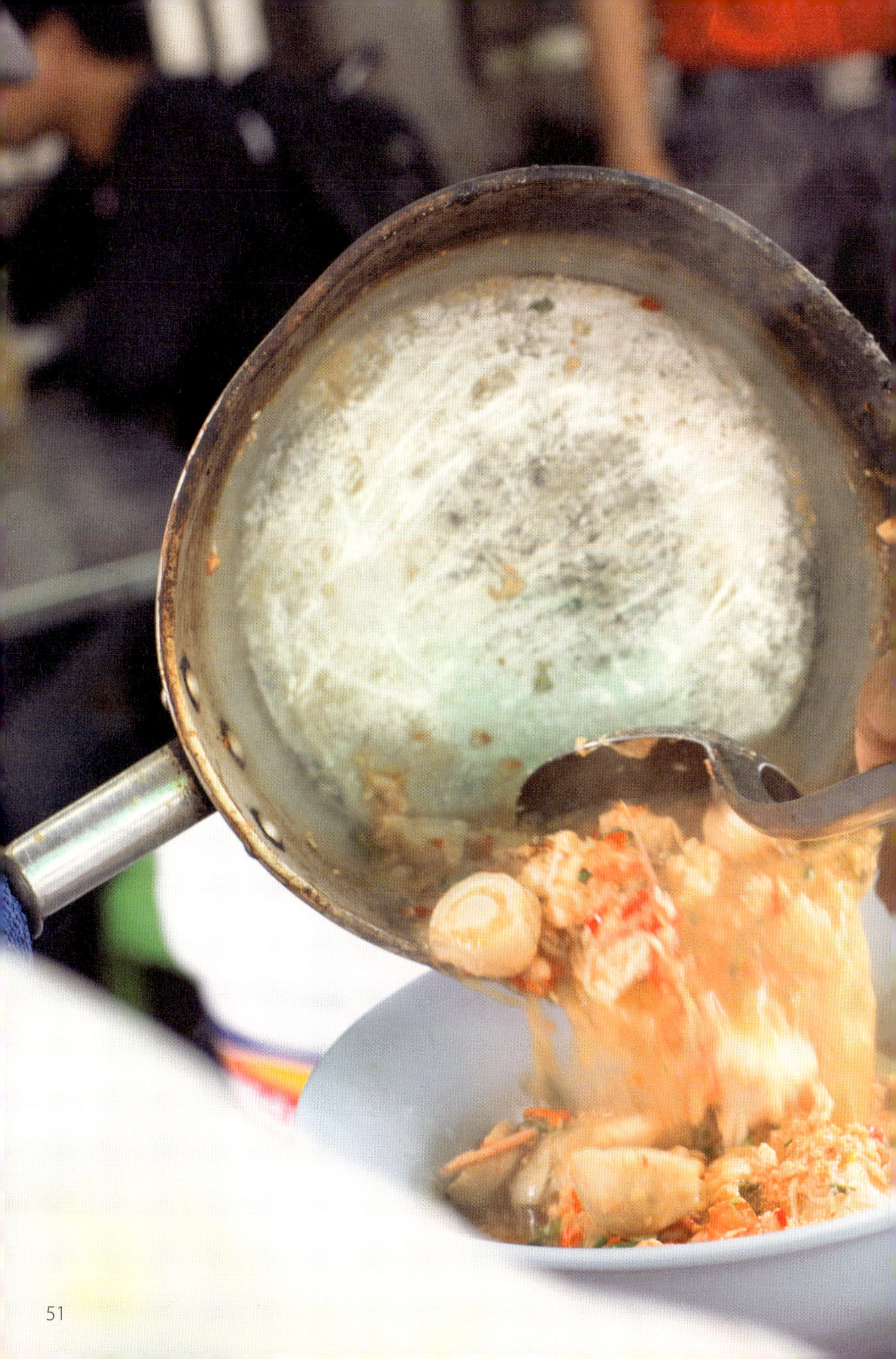

辛さレベル★☆☆

แกงมัสมั่น《ゲーンマッサマン》

タイカレー界のスーパースター

数年前に観光サイト『CNN Go.com』で、世界で最もおいしい料理に選ばれたのを機に、有名に。グリーン、レッド、イエローが定番だったタイカレー界で、瞬く間にグリーンに次ぐ地位を獲得した新星的存在だ。ほかのタイカレーがフレッシュハーブをベースに作られるのに対し、カルダモンやクローブなどの乾燥スパイスを用いるのが特徴。大きな具入りで長時間煮込まれているのも、ほかのタイカレーとは違う点。食べた瞬間に感じるのは、複数のスパイスやハーブが織り成す複雑な香りと、ココナッツミルクやパームシュガーの濃厚なコク。ほどよい辛さと奥深く上品な甘み、重なる香りが生む繊細な味わいは、まさにスターの貫禄。世界一、も納得の味わいだ。

現地の人はこう食べる。

★もともとはタイに住むイスラム教徒が広めた料理なので具はチキンが定番だが、高級店ではラムを使っているところも多い。

★ライスにかけながら食べる。

memo

乾燥唐辛子やレモングラスなどに加え、シナモン、カルダモン、クミン、ベイリーフなどの乾燥スパイスを加え香り高く仕上げる。タイカレーはさっと煮て仕上げるものが多いが、しっかり煮込むので具がホクホクに。一緒に煮込まれたピーナツの味と食感も欠かせないポイント。

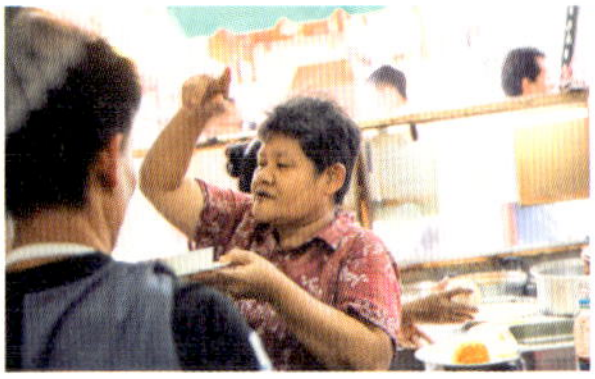

右上／カレーがおいしいことで有名な食堂は、お昼時は常に満席。右下／テキパキと仕切る食堂のオーナーさん。左上／大きな鍋にたっぷりと煮込まれたカレーがおいしそう。左下／『CNN Go.com』で1位に選ばれたときの記事が飾られている。

参考価格：ゲーンマッサマンガイ（100B)。MAP ▶ P.142 P 22

辛さレベル★★☆

トムカーガイ

ต้มข่าไก่

ココナッツミルク×たっぷりハーブの王道スープ

日本でもすでにおなじみの王道メニュー。だからこそ、現地で食べるならフレッシュなハーブをふんだんに使っている店にこだわりたいもの。朝、市場で買ってきたフレッシュハーブを使うと香りがまったく違う。その目が覚めるようなおいしさは、きっと旅の思い出のひとつになり得る。

参考価格：トムカーガイ（80B）。MAP▶P.142 P 12

現地の人はこう食べる。

★レモングラス、カー、コブミカンの葉などは、食べなくていい。

★フレッシュ、缶、パック入りなど、ココナッツミルクもいろいろ。高級店では実から搾ることも。

memo

「トム（煮る）カー（タイショウガ）ガイ（鶏肉）」の通り、鶏肉をカーと一緒に煮込んだスープのこと。ココナッツミルクとハーブがたっぷりで、まろやかさのなかに酸味と辛さの効いたすっきりとした味わい。

同じくフレッシュなハーブをたっぷり使ったグリーンカレーもおいしそう！

ポテーク

โป๊ะแตก

辛さレベル★★★

シーフード濃度、かなり高め！

参考価格：ポテーク（120B)。MAP▶P.138 G 5

日本風に言うと、激辛シーフードごった煮スープ。タイハーブと魚介の組み合わせはトムヤムと似ているようだけど、味わいはさらに複雑！ホーリーバジルの香り、生コショウの刺激、何種類もの魚介から生まれる味わいと香り。辛いもの好きならきっとすぐに夢中になれます、すぐに。

現地の人はこう食べる。

★おかずのひとつとして、ライスと一緒に食べる。
★ビールともよく合うので、道端のシーフード屋台やビーチなどで食べるとさらにおいしい！

memo

香りのベースは、トムヤムクンでもおなじみのレモングラス、コブミカンの葉などのタイハーブたち。具の魚介は店によって異なるが、白身魚、エビ、イカ、ムール貝など数種類をミックスしていることが多い。唐辛子のほかに生のコショウも入っているため、すっきりと爽やかな辛さがある。

痛みやすいため、日本ではなかなか使われない生コショウ。ドライとは違うフレッシュな刺激がシーフードとよく合う。

辛さレベル ★☆☆

ゲーンリアン

แกงเลี้ยง

野菜の甘味が主役の滋味スープ

参考価格：ゲーンリアン（80B）。MAP ▶ P.138 G 5

初めて食べた時、「ほんわー！」と不思議な声が漏れたのを覚えている。カボチャやヘチマ、キノコなどなど、具だくさん。野菜の甘味に発酵調味料とエビがいい感じに旨みを加え、心に染みるような滋味の深さがある。キリッと辛さと香りが効いているのも、タイらしくていいとおしい。

現地の人はこう食べる。

★炒めものなどのおかずと共にライスに合わせるのが一般的。

★体がポカポカ温まるので、冷房の冷えで疲れた時にもおすすめ。

memo

小エビを発酵させた旨みたっぷりの調味料、ガピのほか、粉状にした干しエビなどをベースに加えたスープに、カボチャ、ヘチマ、キノコ、ベビーコーンなどの野菜をゴロゴロと入れた具だくさんスープ。白コショウと唐辛子のキリッとした辛さと、ホーリーバジルなどのハーブの香りがアクセント。

タイのレストランやホテル、アパートなどでは、食堂が入っていることも多い。住人以外も利用できるので試してみよう。

スップマラヤッサイ

辛さレベル☆☆☆

ซุปมะระยัดไส้

旨さ、ぎゅーぎゅーに詰まってます

ニガウリの肉詰めスープ。タイのニガウリはイボイボが少なくて、柔らかくてほんのり苦い。パクチー、ニンニク、コショウとか、タイの風味が詰まった具を口に運ぶと、スープに溶けこんだ野菜の甘みがほんのり広がる。タイらしく刺激的なのもいいけれど、こういうのもたまに恋しい。

現地の人はこう食べる。

★サラサラとしたタイ米と一緒に食べるのが一番おいしい。
★屋台や食堂でも日替わりで用意していることの多い、家庭的な野菜料理のひとつ。

参考価格：スップマラヤッサイ（180B）。MAP ▶ P.136 B 23

memo

詰めた肉は、ニンニク、コショウ、パクチーの根などで香りが付けてある。春雨の食感もポイントで、見かけより満足感のあるスープ。

右／屋台の定番メニューながら、こんなおしゃれなレストランでも発見。家庭料理を出す店ではよく見かけるメニュー。左／イサーン（東北）の雰囲気を現代的に仕上げた店内。優しい家庭の味が評判で、若いセレブからお年寄りにまで支持されている。

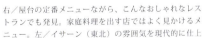

辛さレベル★★☆

トムヤムクン

ต้มยำกุ้ง

世界三大、というより世界一のスープ

トムヤムクンがなぜ世界三大スープ、ともてはやされるのか。その理由を知りたかったら、やっぱりタイに行って、できればこの店でトムヤムクンを食べてほしい。おじいちゃんが作るスープには余計なものは入っていない。3種類のハーブと、エビ、キノコ、ココナッツの実。あとは味付けの唐辛子とか、ライムとか。でも、それで十分。グツグツ煮立たせたスープに凝縮されたハーブの香りと、エビミソから出る、甘いあまーいダシと旨み。深く香って、すっきり抜ける。そのおいしさに包まれる瞬間は、まさに至福!「世界三大っていうより、これって世界一だよね」。タイ料理は苦手、と言っていた友人がこの店でそう呟いた時の、うっとりとした横顔が忘れられない。

現地の人はこう食べる。

★屋台や食堂から高級レストランまで、どこでも食べられる定番。

★濃い味が好きな人は、オーダー時に「トムヤムクンナムコン」と伝えれば、ミルクとチリインオイルを加えてくれる。

memo

レモングラス、コブミカンの葉、タイショウガの3種類のハーブで香りを付けたスープに、エビを入れたスープ。クンはエビのことで、ほかの具を入れた際は「トムヤムガイ(鶏)」、「トムヤムタレー(魚介)」などと名前が変わる。エビはミソのたっぷり入ったものを使うのが定番で、頭付きで煮ることでミソの甘み、エビの旨みをしっかりと引き出せる。昔ながらのシンプルな材料で作るあっさりタイプは「ナムサイ」、日本でもよく見かけるミルクとチリインオイルの入った濃厚なタイプは「ナムコン」と呼ばれる。

右/真剣に鍋を見つめるおいじちゃん。グツグツ煮え立つ鍋のなかでは、ハーブが香りを立てている。左/昼時には注文が殺到。並べた器に、どんどんスープが注がれる。

屋台ではシーフードには山盛りの氷をかぶせて冷やしておくのがお決まりのスタイル。手前にあるビニールに入っているのは、なんとエビミソ! スープや炒めものに加えるとコクと甘みが出て美味。

参考価格：トムヤムクン（120B）。MAP ▶ P.140 K 24

辛さレベル★★★

ゲーンキアウワーン

แกงเขียวหวาน

やっぱり緑は強かった……！

いわゆるグリーンカレー。青唐辛子を生のまま潰して作るので、スッと抜けるように尖った辛さと爽快感が桁違い！　さらに新鮮なタイハーブの香りとフレッシュココナッツミルクのコクが加われば、その味はまさに神のバランス。タイの香りも辛さも旨みも、すべてはここに詰まってる。

現地の人はこう食べる。

★ライスのほか、カノムチーン（発酵米麺）やローティー（クレープ）と合わせることも。
★グリーンカレーペーストを使ったパスタやチャーハンも人気。

参考価格：ゲーンキアウワーンガイ（80B）。MAP ▶ P.142 P 22

memo

ペーストに使われるのは、激辛の青い唐辛子。タイ語名は緑の甘いカレーという意味で、実は甘みもしっかりと効かせてメリハリのある味わいにするのがおいしさのコツ。

右／持ち帰りもOK。熱いものも冷たいものもビニール袋へ。左／お昼休みは、みんなでワイワイ。タイは男子もおしゃべり好き。

ゲーンハンレー

辛さレベル★★★

แกงฮังเล

ショウガの効いた、北の濃厚カレー

参考価格：ゲーンハンレー（60B）。MAP▶P.136 B 6

インドや中国など、近隣国の影響を受けた料理も多いタイ。これもそうで、ミャンマーから伝わった北部料理だ。とろりと煮込まれた豚の甘さと、鼻から抜けるショウガやスパイスの香りが織り成す陰影が素晴らしい。タイ料理特有のバランス感覚には、時々くらくらするほど魅了される。

現地の人はこう食べる。

★バンコクでも北部料理を出す店ならたいてい置いてある。

★濃厚なので、さらっとしたタイ米と相性がいい。

大鍋にたっぷりと仕込まれたゲーンハンレー。大鍋料理は日替わりの店も多いので、注意。

北タイの伝統的な飾り。バンコクの北部料理店でも飾っている店が多いので、目印に。

memo

豚の三枚肉を使う料理。脂の溶けたカレーは濃厚ながら、スパイスや生姜の香りが爽やかさをプラスして、バランスのよいおいしさに。

辛さレベル★★★

トムセープ

ต้มแซบ

目覚める辛さの田舎風スープ

参考価格：トムセープシークローンムー（70B）。MAP ▶ P.139 I 25

トムは煮る、セープはイサーン（東北）の言葉でおいしい、という意味。透明なスープを侮るなかれ、激辛料理が多いイサーンの料理だけに、脳天を突くような辛さが特徴だ。ただ、それだけじゃない。同時にハーブの香りやトマトの酸味、スペアリブの甘みがふくふくと広がり、辛くて酸っぱくて甘い、タイ料理のおいしさの根源をちゃーんと感じさせてくれるのだ。だから、また食べたくなる。

現地の人はこう食べる。

★辛いのが苦手な人は注文時に辛くしないように伝える。
★甘みのあるタイのもち米と合う。

memo

たっぷりのハーブを使い、すっきりとした香りと唐辛子の香ばしさが際立つスープ。具は写真のシークローンムー（スペアリブ）の他、クルアンナイ（ホルモン）を入れたものも定番。通常、とても辛い。

右／バンコクのセレブエリアにある小さな食堂。左／お年寄りに愛されている店なら、昔ながらの味が楽しめる。

ゲーンソムカイチアオチャオム

辛さレベル ★★☆

แกงส้มไข่เจียวชะอม

少々マニア向けな濃さと酸味

参考価格：ゲーンソムカイチアオチャオム（150B）。MAP ▶ P 142 P 22

甘酸っぱいタマリンドがベースのスープはどろどろと濃厚、かつ複雑で深〜い味わい。具は迷わずカイチアオチャオム（アカシア入りオムレツ）を！　臭菜とも呼ばれる匂いの強い野菜を包んだふわふわのオムレツを噛むと、しみたスープがジュワー。クセのあるスープにクセのある具の組み合わせはなんとも強烈。だからこそ、一度ハマったら簡単には抜け出せない。

現地の人はこう食べる。

★味が濃いので、ライスと一緒に食べるのが一般的。

★オレンジ色の中部風のほか、黄色い南部のゲーンソムもあり。

バットに並んだカイチアオチャオム。アカシアは新芽なので柔らか。ゲーンソムのほか、ナムプリップガピ（P16参照）に付けて食べてもおいしい。

memo

スープにはタマリンドペーストのほか、ミンチ状にしたエビなども入っていることが多く、濃厚で深い旨みのあるスープが生まれる。具はキャベツや青パパイヤ、白胡蝶のつぼみ、エビ、オムレツなど淡白なものが中心。南部のものは激辛で味もまったく違う。

ちょこっと休憩

タイの朝ごはん、いろいろ。

タイ人はとっても早起き！　早朝の街中に出てみると、市民が托鉢のお坊さんに食事を渡す光景をあちこちで見かける。家では朝食を作らず、屋台で食べたり、テイクアウトして職場で食べる、というタイ人が多いので、移動式の屋台や物売りなどがあちこちに溢れ、道は早朝から賑やかだ。時間に余裕があれば公園や市場に足をのばすのもおすすめ。ルンピニ公園（P135）やサマゴーン市場（P136）の屋台には、タイならではの朝ごはんがズラリと並んで目移りしてしまうほど。早起きすれば、南国のおいしいご褒美が待っている。

ไข่กะทะ(ไข่กระทะ)
カイガタ

小さなフライパンに目玉焼きやソーセージ、ひき肉などが入ったイサーン（東北）の定番。パンが付く。

โจ๊ก
ジョーク

米粒を細かく砕いたトロトロのお粥。肉団子などの具のほか、卵をのせてもおいしい。針生姜をトッピング。

ข้าวต้ม
カオトム

タイ米で作るお粥は、サラサラとしていて朝にぴったり。鶏や豚肉、魚を入れたものなどもあり、具の種類も豊富。

ปาท่องโก๋
パートンゴー
揚げパン。そのままでナムタオフーと合わせたり、練乳を付けてもOK。外はサクサク、中はもっちり。

น้ำเต้าหู้
ナムタオフー
豆乳のこと。豆や麦などの具材を選んで入れることもできる。砂糖抜き、と伝えないとかなり甘いことも多い。

ซาลาเปา
サラパオ
中華まんのこと。豚肉やあんこ、クリームなど、具材はさまざま。シューマイを一緒に売っていることも。

通勤前の時間帯、ルンピニ公園などにあるフードコートでは、朝の運動を終えたタイ人たちが朝ごはんに舌鼓。ジョギングやエアロビ、太極拳など、みんなと一緒に運動してお腹をすかせば、朝ごはんがもっとおいしく！

ข้าวไข่เจียว
カオカイチアオ
卵焼き乗せごはん。揚げ焼きにしてあるので、ふわふわの食感。チリソースをかけるのがタイスタイル。

おかず

もくもくと煙を上げる屋台、中華鍋が火を噴く屋台、バットに色鮮やかなおかずが並ぶ屋台……。朝から晩まで、街のあちこちで生み出されるおかずの数々は、どれもボリューミーで満足度高し！ 汗をかきつつ、時にはごはんと、時にはビールとともに楽しもう。

辛さレベル★☆☆

ガイヤーン

ไก่ย่าง

炭火で焼くから香ばし旨い！

豚と同じくらい鶏料理も豊富なタイで、「鶏の王道」と呼んでもいいのがこのガイヤーンだ。鶏（ガイ）を焼く（ヤーン）というシンプルな料理名に加え、見た目もそのまんまだけど、味わいは意外と複雑。鶏肉は焼く前にハーブなどを調合したタレに漬け込み下味を付けてあるので、こんがりと焼けた表面からはふわりと鼻孔をくすぐる芳香が。さらに乾燥唐辛子などが入った香ばしいタレを付ければ、その味わいが何重にも深まっていくのを感じられる。店によっては漬けダレにココナッツミルクを入れたり、甘いタレと辛いタレの2種類があったりして、食べ比べて好みの味を探るのも楽しい。主食は柔らかなもち米がベストマッチなので、そちらも忘れずに！

現地の人はこう食べる。

★ソムタム（P18参照）、カオニャオと一緒に食べるのが定番。
★ガイヤーン専門店では、1羽か半羽かを選んでオーダーするスタイルが多い。

memo

イサーン（東北）料理店の店先などで焼かれている、鶏の炭火焼きのこと。タレにこだわる店では、乾燥唐辛子が入った辛いタレと、甘辛いスイートチリソースの2種類ともに自家製のことも。

上／炭火でこんがりと炙り焼きに。焦げ目の付いた表面は香りよく、中はふっくらと柔らかく焼き上がる。左／ガイヤーンと一緒に食べる料理といえば、ソムタム。酵素が豊富な青パパイヤと鶏肉の組み合わせは、健康にも美容にも良さそう！

ガイヤーンと同じくらい人気なのがコームーヤーン（豚トロの炭火焼き）。脂がのったジューシーな豚トロはまさに絶品。辛いタレが脂の甘みをより引きたてる。

参考価格：ガイヤーン（180B）。MAP ▶ P.137 D 26

辛さレベル★★★

ムーマナオ

หมูมะนาว

辛さの奥に潜むおいしさを探る旅へ

参考価格：ムーマナオ（100B）。MAP ▶ P.138 G 9

豚しゃぶサラダのようだけど、その実態はめっちゃ辛ーい、かなり刺激的なヤツ。タレを少しずつなじませながら豚肉とキャベツを取り出して、パクチーも添えてパクッ。噛む、辛い！噛む、辛い！ごくんっ、旨ーい!! 刺さるような刺激をくぐり抜けると、そこには辛さとの闘いに勝ったものだけが味わえる、旨辛ワールドが広がっている。

現地の人はこう食べる。

★タイ米とも、ビールとも合う。

★辛すぎて口の中が燃えるようになったら、添えてある生野菜をかじってクールダウン。水より効く。

右／辛さを均一にしたいなら、全体を混ぜて食べてもいい。
左／食後は甘いもので口の中を落ち着かせるのもあり。

memo

茹でた豚肉に、ライムやプリッキーヌーというとても辛い唐辛子、ニンニクなどを効かせた激辛ソースがかかったひと皿。添えてある野菜は、キャベツのほかにカイラン菜などの場合もあり、店によって異なる。ちなみにマナオとは、タイ料理によく使われる小さめのライムのこと。

ホイラーイパットプリック

辛さレベル ★★☆

หอยลายผัดพริก

ごはん進みすぎ注意報

参考価格：ホイラーイパットプリック（100B）。MAP ▶ P.140 K 24

酒蒸しとかボンゴレとか、この人生でアサリ料理はいろいろ試してきたけれど、これを上回る料理にはこの先も一生出合えない気がする。真面目に、それくらい完成度が高いのだ。唐辛子×ニンニクの最強コンビにアサリの旨み、バジルの香りが加わり、とにかく濃い！　ごはんなんていくらあっても足りない、くらいの覚悟でのぞみたい一品。

現地の人はこう食べる。

★とりあえず、白飯。パラッとしたタイ米との相性の良さは驚異的。

★もちろんビールとも合うので、おつまみとしても最適。

memo

ホイラーイとは、殻にラインの入ったアサリによく似た貝で、タイでよく食べられている。油をひいた中華鍋につぶしたニンニクと唐辛子を入れ、強火で一気に炒め合わせる。チリインオイルを味付けのベースに入れるのが一般的。

右／新鮮な材料があることが、おいしさの第一条件。左／半オープンエアの屋台の厨房でこの味を出せるのがすごい。

辛さレベル☆☆☆

クンオップウンセン

กุ้งอบวุ้นเส้น

主役はあくまで春雨です

ふたを開けると、なんとも香ばしい芳香とともに、まず目に入るのはエビの姿。けど、この料理の主役は絶対に春雨だ。鍋の底に隠れたパクチーの根やニンニク、豚バラ、そしてエビ。それら全部の香りと味わいを思いっきり吸い込んだ春雨は、旨さという名の貫禄を堂々とまとっている。

現地の人はこう食べる。

★殻をむいたエビや春雨に、辛くて酸っぱいシーフードのタレを少しかけながら食べてもおいしい。

参考価格：クンオップウンセン　(200B)。MAP▶P.140 L 27

右／小さな食堂や屋台がズラリとならぶソイ（小路）は、食べ歩きにも最適。夜7時ごろから夜中まで人でにぎわう。左／小さな店では、店先の道で調理をしていることも多い。鮮やかな動きは、見るからにおいしそう。

memo

厚手の鍋の底に小粒で香りの強いタイのニンニクや、葉より濃い香りのするパクチーの根、豚バラなどをしき、春雨、エビを入れてふたをして蒸す。使う材料は店によって多少異なる。

カイルーククゥーイ

辛さレベル☆☆☆

ไข่ลูกเขย

ソースがなんとも甘酸っぱい

参考価格：カイルーククゥーイ（130B）。MAP ▶ P.136 B 23

ほんのりキツネ色に揚がった茹で卵に、甘酸っぱいタマリンドソースをかけた素朴な一品。上にかかったフライドオニオンのサクサク食感が、ほっくりとした黄身のおいしさを際立たせ、甘いソースが全体を包み込む。屋台では甘すぎることも多いので、できれば信頼できる店で食べたい。

現地の人はこう食べる。

★おかず屋台の日替わりメニューにもよく登場する家庭料理。
★甘酸っぱいタマリンドソースが意外と濃厚なので、ごはんがどんどん進む。

右／味が濃いイメージの強いタイ料理だけど、こんな家庭料理なら胃にもたれる心配もなく、心ゆくまで味わえる。左／この店で食べるなら、ぜひキャベツのナンプラー炒めと一緒に。これがキャベツ!?と驚くほど絶品。

memo

素揚げした茹で卵、タマリンドソース、揚げオニオンで構成されたシンプルな料理。簡単なようで、茹で卵をキレイなキツネ色に仕上げるのは意外と難しい。

辛さレベル★★★

ラープ

ลาบ

どんな肉もおいしくなる魔法のハーブ和え

はじめて食べた時は、いろんな香りと食感が口のなかで混ざりあって、一体何が入っているのか、どうしたらこんな複雑な味わいになるのか、見当もつかなかった。ラープに欠かせない材料として炒った米を細かく潰したものが入っていると知った時は、まさに合点がいった、という感じ。鼻先をくすぐる香ばしさ。肉を噛むと感じる、不思議なプチプチとした食感。それらは、カオクアと呼ばれる米の粉の仕業だったんだ。さらに、ミントの香りや唐辛子の辛さ、ライムの酸味が弾けて、細切れ状にした肉の旨さと甘みをグーンと引き立たせている。写真はアヒルだけど、豚でも鶏でも牛でも魚でも、和えればみんなおいしくなる。それが、ラープの魔法。

現地の人はこう食べる。

★イサーン（東北）料理なので、ソムタムやカオニャオ（もち米）と合わせるのが一般的。

★アヒル（ペット）や豚（ムー）などの肉類のほか、ナマズ（プラドゥック）や春雨（ウンセン）などをメインの具材にしたラープもある。

memo

細切れ状にして火を通した肉に、赤小玉ネギやミント、ネギなどを和える。ナンプラーとライム、粉唐辛子で味を付けるので、辛さ、酸味、塩気が効いているのが特徴。乾煎りした米の粉、カオクアには、レモングラスやコブミカンの葉などのハーブを加える店もあるそう。

右上／夕方からの営業に向けて準備中の屋台。夜には会社帰りのタイ人で満席に。右下／タイの東北地方、ヤソートン県出身の人たちが作る本場の味は、辛くておいしい！　左上／イサーン料理といえば、甘みと弾力のあるカオニャオを合わせるのが定番。ガイヤーン（P70参照）も人気メニュー。左下／豚肉を使ったラープムー（60B）。レバーやホルモンを入れる店も多く、さまざまな部位の食感が楽しめる。

参考価格：ラープペット（60B）。MAP ▶ P.142 P 2

辛さレベル★☆☆

プーパッポンカリー

ปูผัดผงกะหรี่

ふんわり、とろりのカニカレー炒め

有名店もいいけど、あえて地味な食堂で食べるのが好きだ。小さな店でわざわざカニを用意するのは、自信があるに違いないから。今回も予想は当たり。カレーの香りに包まれた卵はふわふわ。柔らかなカニの甘みも重なり、ライスにのせて頬ばれば、どこまでも続くような口福に満たされる。

現地の人はこう食べる。

★カレー味なのでライスと合う。

★カニは殻付きのほか、あらかじめ殻をはずし身だけを炒めた〝ヌアプー（カニの身）〟パッポンカリーで出す店も多い。

参考価格：ヌアプーパッポンカリー（150B）。MAP▶P.142 R 13

memo

直訳するとカニのカレー粉炒め。固まりすぎず、全体をふんわりと覆う卵のおかけで、刺激の強すぎないまろやかな口当たりに仕上がる。具をエビやイカ、鶏肉などに変えて作るバージョンもある。

濃厚なシーフードには、あっさりとしたスープでバランス良く。

ムーパットガピ

辛さレベル☆☆☆

หมูผัดกะปิ

豚の旨み、大量放出中

参考価格：ムーパットガピ（90B）。MAP ▶ P.138 H 4

ガピは小エビを塩漬けにして発酵させた調味料。ナンプラーが醤油なら、こちらは味噌と言ってもいいほどタイ料理では重要な存在だ。そんなガピの魅力が存分に発揮されるのが、シンプルな豚肉炒め。加熱で臭みは消え、ほとばしるような旨みが豚の甘みとともに弾ける。噛むほどに絶品！

現地の人はこう食べる。

★発酵調味料ならではの旨みがあり、ライスが止まらなくなる。

★唐辛子とニンニクの組み合わせは程よいパンチで、ビールのおつまみにもちょうどいい。

電話注文した料理をバイク便で届けてもらうのも、食にこだわる人の多いタイでは一般的。

memo

豚肉のガピ炒め。ニンニクと唐辛子を先に炒め香りを立たせてあることもあり、ガピが持つ独特の臭みは気にならず旨みだけが引き立つ。発酵調味料の効果か、豚肉が柔らかくジューシーに仕上がっているのも特徴。レモングラスの香りが、爽やかさを添える。

辛さレベル★★★

パットプリックゲーンムー

ผัดพริกแกงหมู

潔く、キリリとスパイシー！

海外旅行の貴重な一食、絶対ハズしたくない日には信頼できる食堂でこれをオーダーすることが多い。見たまんまの豚肉とササゲのレッドカレー炒め。濃い味付けで材料もシンプルなせいか、失敗は少ない。ピリ辛、では生ぬるいほどの辛さで、ごはんが面白いくらいに進んでいく。

現地の人はこう食べる。

★辛いので、カオスワイ（白いごはん）と一緒に食べる人が多い。
★ビールのアテにも合う。

参考価格：パットプリックゲーンムー（100B）。MAP ▶ P.137 D 28

memo

豚肉とインゲンを中華鍋で大胆にささっと仕上げるカレー炒め。パットプリックゲーンはレッドカレー炒め、ムーは豚肉という意味。「辛旨い」という言葉が、よく合う一品。

右／メニューがない注文屋台では、周りの人が注文している料理も参考に。
左／タイの市場は屋台がたくさん入っていて楽しい。

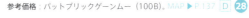

ムーパロー

辛さレベル☆☆☆

หมูพะโล้

異国情緒をまとったタイの角煮

タイで働いていた頃、「今日は辛いものは無理」と弱気に呟くと、辛いものが苦手だという中華系タイ人の女の子がこれを勧めてくれた。豚バラと茹で卵がゴロッと入ったその姿は、まるで日本の角煮。食べてみると中華スパイスの香りが漂い、異国情緒がふわり。そのギャップに萌えた。

現地の人はこう食べる。

★ライスの皿に豚肉や卵をとったら、スープをちょっとずつかけながらライスと一緒に食べる。
★中華スパイスを加えないタイプのパローを出す店もある。

参考価格：ムーパロー（60B）。MAP ▶ P.137 F 29

memo

パローは中華風煮込みのことで、具は豚バラや卵のほか、アヒルも定番。一般的には八角やシナモンなどの中華系乾燥スパイスを加える。スーパーではパローの素も販売。

右／写真を撮らせてもらった食堂では、裏にある小学校の給食も作っているそう。　左／裏の小学校の校庭では、みんな元気に体育の授業中。

辛さレベル☆☆☆

クントートガティアム

กุ้งทอดกระเทียม

地上最高のエビ炒めはここですよ〜

人だかりに引かれて入った問屋街の屋台。1人でオーダーしたエビ炒めは大きすぎたけど、あっという間に完食していた。その皿が放つ凄みをひと言で表すなら、コクと旨みの権化! ニンニクの香りとミソの旨みに満たされたエビはプリプリで、想定の上をいく旨さを体験させてくれる。

参考価格：クントートガティアム（200B）。MAP▶P.140 K 24

現地の人はこう食べる。

★ここの屋台では、1人で1皿オーダーして、ライスをおかわりして食べる女性もいるくらい白米に合う。

★ビールとの相性も最高!

右／昼前には、テイクアウトの注文を待つ人や空席待ちで、屋台の前はこの人だかり。左／質のいいシーフード料理を提供している屋台では、野菜も青々として新鮮そのもの。

memo

エビのニンニク炒め。みじん切りのニンニクを使ったり、フライドガーリックがのっていたりと、店によってさまざま。写真は、マンクン（エビミソ）を加えたもの。

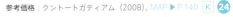

ちょこっと休憩

お粥屋さんのおかずいろいろ。

タイで一度は試したいのが、夕方から深夜にかけて店を開けるお粥の専門食堂。お粥に合う惣菜がとにかく豊富で、ひと皿の量が少なめなのでたくさんの種類を楽しめる。家族連れから夜遊び帰りの若者まで、みんなの胃袋を満たす憩いの場だ。

思いっきり夜遊びをした帰り道、ふと目に入ったお粥食堂の店先には、おいしそうな惣菜がズラリと並んでいる。普通のごはんや麺もメニューにはあるけれど、やっぱりまずはお粥から。タイ米特有のサラサラ食感とさっぱりとした味わいは、塩卵やピリ辛サラダなどのおかずとぴったりで、お粥がどんどん進む！ 夜遅く食べてもお腹にもたれないのもうれしい。

参考価格：左からヤムタンチャイ（50B）、ヤムカイケム（50B）
パッカナープラーケム（80B）。 MAP ▶ P.141 N 30

豚トロ揚げ（コームートート）と蒸したカニの身（ガーンシアンプーヌン）は、このお店の名物で価格は時価（この日は豚トロ320Bでカニが560B）。ほかの料理に比べて値段が張るけれど、早々に売り切れるほどの絶品！ これを目当てに連日の行列ができるのも納得の味わいだ。

開店30分後の夕方6時には満席に。人気店は、食いしん坊のタイ人たちで大繁盛。

店頭に並んだ食材を見て、注文を決めるタイ人も多い。

お粥は小さなお椀で出てくるので、おかわりしても。濃い味のおかずと相性抜群。

麺もの

汁麺、汁なし、炒め麺にカレーソースがけ……と、バラエティ豊かなタイの麺たち。たった一品で勝負する店や数十年続く老舗も多く、どこも抱えきれないほどのこだわりや想いを凝縮した、渾身の一杯を提供している。旅の間に、自分だけの一杯を見つけてほしい。

辛さレベル★★★

カノムチーン

ขนมจีน

野菜混ぜまぜ、カレー麺

「給料日前だから、貧乏人の味方を食べに行こう」。タイの友人に誘われて向かったのが、カノムチーン屋台だった。カレーソースをかけた麺に各自で無料の野菜やハーブをのせていく。このトッピングでお腹がいっぱいになるから〝貧乏人の味方〟ということらしいが、野菜不足になりがちな旅人的にも頼れる一食だ。生や酢漬けの野菜をたっぷり加えてよーく混ぜる。ツルツル麺とシャキシャキ野菜の食感が交互に訪れ、口のなかは騒がしいのに微妙なところでバランスが取れていて、栄養とか関係なく純粋においしい！　辛さと甘さ、旨みと臭み、さまざまな香りと食感。それらが一気に押し寄せるカオス感を心底好きになった時、タイ料理への理解度がグンと上がった気がした。

現地の人はこう食べる。

★市場などなら必ず1軒はある。
★麺は1種類なので、オーダー時はソースのみを指定。ソースは2種類のせも可能。
★ソースをかけた麺にテーブル上の生野菜やハーブを好きなだけ入れてよく混ぜて食べる。大きめ、長めのものは、手で適当な大きさに切って入れると食べやすい。

memo

そうめんに似た白い麺の原料は米。発酵させてあるので独特の香りがあり、ツルツル、モチモチとしていて柔らかい。ソースは魚入りのナムヤー、激辛で発酵調味料の香りが強いゲーンタイプラー、グリーンカレーなど、店によっていくつかの種類を用意している。初めての人にはクセが強く辛過ぎるものも多いので、比較的食べやすいナムヤーやグリーンカレーなどから試すのがおすすめ。

右／店先にソース入りの大きな鍋が並んでいるのが目印。中／このトッピングが入れ放題。ここの屋台は種類豊富でとくに豪華！　左／この日のソースはココナッツミルク入りのナムヤーガティと、ピーナッツ入りで甘めのナムプリックケンをチョイス。２種類のソースが混ざってもおいしい。

参考価格：カノムチーン（45B／ソース2種類）。MAP ▶ P.136 A 17

辛さレベル☆☆☆

イェンターフォー

เย็นตาโฟ

深み極める味わいスープ

店によってスープがどぎついピンク色のことも。あまりの色に最初は敬遠したけど、色の素が紅腐乳だと知ってから食べるようになった。スープを飲むと、腐乳ならではの深い旨みとほのかな酸味がふわりと広がりなんとも美味。ひと月もたつと恋しくなる、中毒性のある不思議な麺だ。

現地の人はこう食べる。

★スープを味見して物足りなければ、ナンプラー、唐辛子入りの酢、粉唐辛子、砂糖を加え、自分好みの味に調えるのがタイ式。

★大盛りは「ピセー」と伝えて。

参考価格：イェンターフォー（35B）。MAP ▶ P.142 P 31

memo

紅腐乳入りの赤っぽいスープが特徴。干しイカ、豚の血のゼリー、つみれ各種、空芯菜など、具だくさん。オーダー時は麺の種類とスープの有無を伝えればOK。「イェンターフォートムヤム」と言えば、辛くて酸っぱい味付けにしてくれる。ただし、かなり辛い。

右／屋台街にあるお店では、店頭の調味料で味付けしてからテーブルに移動。みんな、なれた手つきで自分好みの味付けに。左／シーロムコンプレックスの裏手の屋台街の中にある人気店。イェンターフォーのタレを毎日手作りしているそう。

クイッティアオルア

ก๋วยเตี๋ยวเรือ

おかわり、上等！

辛さレベル★★☆

参考価格：クイッティアオルア（12B）。MAP▶P.140 M 32

わずか3、4口分ほどで食べ終わるミニサイズ。タイ人は少食だから……というわけではなく、わんこそば感覚で1人3〜10杯ほど食べる。豚の血が入ったナムトックと呼ばれるスープを使うのが一般的。血、と聞くとギョッとするが、臭みはなく、むしろ「コク深いなぁ」という印象。

現地の人はこう食べる。

★血抜きを希望する場合は、「マイサイルアット」と伝える。
★選べる麺の種類、スープの種類は店によって異なるので、ほかのテーブルをよく観察してみよう。

右／具と麺の入った丼にスープを注いで完成。店によってはスープが激辛なので、苦手なら先に伝えよう。左／まとめ注文する人がほとんどなので、2〜3人前でこの量！麺はフォーに似たセンレック（中細米麺）が定番。

memo

かつて、小船（ルア）で行商していたという麺料理。麺の種類と、選べる場合はスープの種類を伝えてオーダー。まとめて2〜3杯ずつ注文する人が多い。

辛さレベル☆☆☆

บะหมี่《バミー》

迷ったら、の中華麺

初めて覚えたタイ語が、「バミーナーム」だった。まだ学生の頃、一人旅で何を食べたらいいのかも、注文の仕方もわからない。そんな時は、中華麺を置いている屋台に行って、ひと言「バミーナーム」と言うだけでいいから簡単だったのだ。たくさんの料理を覚えた今も、「何食べよう……」と迷うと、まずバミーが浮かぶ。日本のラーメンよりあっさり味のスープに、細めの中華麺。もしタイ料理が苦手でも、きっとこれなら食べられる。具は店によってワンタンだったり、アヒルだったり、揚げ豚だったり。スープなし版はニンニク油がかかっていて、軽めの油そばのよう。一見単純なのに、追求するといろんな顔を見せてくるところが、いかにもタイの麺らしい。

現地の人はこう食べる。

★汁あり（ナーム）か汁なし（ヘン）を選んだら、具を指定する。具の種類は店によって違う。メニューがない場合やタイ語のみの場合も多いので、ショーケースや他の人の料理を見て判断しよう。選べない場合は、「サイトゥックヤン」と言えば全種類の具を入れてくれる。

★スープは薄味なので、卓上の調味料で自分好みの味に調える。

memo

バミーとは、卵入りの黄色い中華麺のことで、タイ全土で食べられる定番麺料理のひとつ。タイの麺は日本に比べると柔らかめの傾向が強いが、これは比較的コシも感じられる仕上りが多い。ただし、太さや縮れ度は店によって異なる。一人前の量は日本のラーメンと比べると少ないので、物足りない場合はナームとヘンの両方を試してみるのもいい。

右上／ワンタンと揚げ豚をトッピングした、汁なしのバミーヘン。ヘンにはスープが付く店が多い。右下／ナンプラー、唐辛子入りの酢、粉唐辛子、砂糖は汁麺に欠かせない調味料。少しずつ加えて、自分好みの味に調えるのがタイ式。左上／麺の具は、だいたい別皿でも注文できる。揚げワンタンはタレを付けても、スープにひたして麺の具として食べても旨い。左下／茹でたてのワンタン。自家製はやっぱりおいしい。

参考価格：バミーナーム（50B）。MAP ▶ P.136 B 33

辛さレベル☆☆☆

ラートナーセンミー

ราดหน้าเส้นหมี่

香ばしさを包みこむ、深く優しい甘み

参考価格：ラートナーセンミー（50B）。MAP ▶ P.141 O 34

中華街近くの専門店で食べたのは、香ばしく炒めたセンミーに優しい甘さのあんがよく絡むひと皿。カイラン菜は苦みなく豚肉もやわらかで、素材にも下ごしらえにもこだわっているのがわかる。甘い！と思ったら大間違い。ほとんどのタイ人が卓上の酢や粉唐辛子で好みに調整するので、それを見越してのこの味付け、というわけだ。

現地の人はこう食べる。

★ショーケースから好みの麺を選ぶ（選べない場合もある）。

★4種の卓上調味料（粉唐辛子、唐辛子入り酢など）を使い、辛さや酸味を足して味を調整する。

memo

ラートナーとは、あんかけのこと。醤油で下味を付けて炒めた麺にあんを絡ませて食べる。センミー（極細）やセンヤイ（幅広）などの米麺や揚げたバミー（中華麺）から好みの麺を選ぶ。

右／この店はセンミーのみ。中／とろみがポイント。左／日本人にとっても、ちょっと懐かしさを感じる優しい味わい。

クイッティアオクアガイ

ก๋วยเตี๋ยวคั่วไก่

辛さレベル☆☆☆

柔らか鶏肉とモッチモチ麺

参考価格：クイッティアオクアガイ（60B）。MAP ▶ P.138 H 3

見た目も材料も味付けも、タイ料理とは思えないくらい地味な炒め麺。食べ始めても大きな衝撃はないのだけど、醤油が少し焦げた部分の香ばしさにホッ、卵が表面に絡んだ麺のモチモチとした弾力ある食感にハッ、と小さく感動しているうち、いつしか食べ終わるのが惜しくなる。派手さも主張もないけれど、しみじみ旨い。そんな一品だ。

現地の人はこう食べる。

★薄味なので、唐辛子入りの酢や粉唐辛子をかけると美味。

★タームサンと呼ばれる注文食堂や専門屋台で食べられる。ランチに食べる定番炒め麺のひとつ。

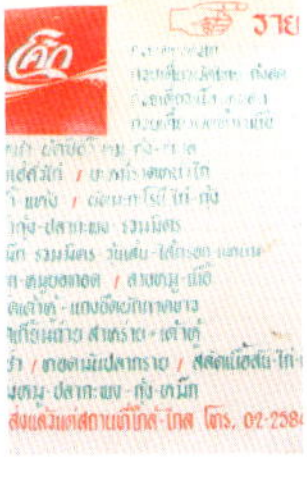

右／炒め麺には辛くない緑の唐辛子を漬けた酢が合う。左／たくさんの料理名が書かれている注文食堂の壁。

memo

クイッティアオとは、米から作られた麺の総称。太さにより呼び方が変わるが、クアガイにはセンヤイという幅広米麺を使うのが定番。そのセンヤイに鶏肉と卵を加え炒めた料理で、味付けにはシーユーカオというタイの薄口醤油などが使われる。

辛さレベル ★☆☆

スッキー

สุกี้

タイスキはスキですか……？

1人だけど、タイスキが食べたい！ そんな願いを簡単に叶えてくれるのがこれ。ひと言で説明するなら、タイスキのタレ味のスープ春雨だ。白菜や空芯菜などの野菜もたっぷりだから、春雨が主食でも満足感あり。飲んだ後の深夜ごはんにも罪悪感なくイケる、知ってトクするタイごはん。

現地の人はこう食べる。

★汁あり（ナーム）か汁なし（ヘン）かを決めたら、豚、鶏、エビなどからメインの具を選ぶ。
★別添のタレは直接かけたり、具に付けて食べたりする。

参考価格：スッキーナームクン（80B）。MAP ▶ P.140 L 27

memo

紅腐乳を加えた、奥深いコクと旨みのあるタレが味付けのベース。スッキーの場合、麺は選べず春雨のみ。注文食堂やフードコートなどでも食べられる。

撮影したのは、スッキーが有名な食堂。夜遅くまでさまざまなお客さんでいっぱい。

汁なしはスッキーヘンクン（80B）。ヘンは炒めてあるので、タイ風春雨炒めの趣き。

センレックナームルークチン

辛さレベル☆☆☆

เส้นเล็กน้ำลูกชิ้น

ルークチンは自家製が望ましい

参考価格：センレックナームルークチン（70B）。MAP ▶ P.141 O 35

汁ありのセンレック（中細米麺）にルークチン（すり身団子）を入れた、タイで食べられているもっともベーシックな麺のひとつ。スープはあっさりとした豚骨ベースが基本。工場で大量生産されたルークチンは味も食感もイマイチなので、ぜひ自家製の店にこだわって試してほしい。

現地の人はこう食べる。

★汁あり、汁なし、麺の種類、入れる具の種類は好みで選べる。
★スープは薄味なので、卓上の調味料で味付けを。ルークチンの旨みもあり、そのままでも美味。

人気店のルークチン。魚入りはふわふわ、エビ入りはプリプリと、食感が生きた味わいは自家製ならでは。

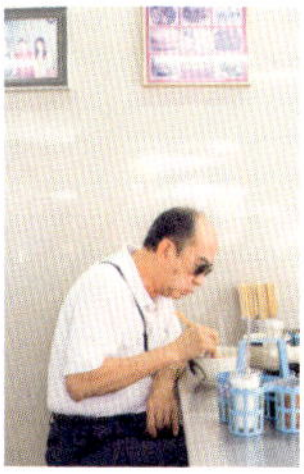

常連らしきおじいちゃん。麺のほかに、お気に入りのルークチンを別に1皿オーダーする人も多い。

memo

麺、具ともに選べるが、まずは中細米麺×ルークチンのベーシックな組み合わせからお試しを。ルークチンとは肉や魚介のすり身団子で、タイ人の大好物。

辛さレベル★★☆

カオソーイ

ข้าวซอย

カレーとラーメンの黄金コンビ

タイ北部を旅する人の多くが食べる名物麺。ちょっとザラつきのあるスープに平麺を合わせた〝カレーラーメン〟で、揚げたサクサク麺のトッピングがポイントだ。バンコクで食べるなら、材料を北部から取り寄せている店へ。現地より少々マイルドな印象はあるものの、北部出身者の店なら十分に満足できる一杯に出合えるだろう。食べる前に赤小玉ネギ、高菜漬け、ライムを加えてよく混ぜる。麺料理ひとつにも、いろんな材料や調味料をちょこちょこ足し、味や香り、食感の複雑な絡まりあいを楽しむのがタイ流で、「面倒だから何も入れないで食べちゃお」なんて人には会ったことがない。目の前の皿の最終的な味付けは、常に自分自身に委ねられる。タイ料理って面白い。

現地の人はこう食べる。

★添えられた高菜と生の赤小玉ネギは薬味的な役割。好みの量を加えたら、ライムを絞り全体をよく混ぜて食べる。

★辛さは卓上の唐辛子オイルで調整。かなり辛いので注意。

memo

スープのベースは、唐辛子、レモングラス、タイショウガなど、各種ハーブから作られるペーストに、数種類のスパイスをミックスしたカレー粉を加えたもの。さらにココナッツミルクを加えるため、スパイシーさのなかにまろやかさが生まれる。麺はスープがよく絡む卵平麺で、最後に揚げ麺もトッピングする。茹で麺と揚げ麺、両方の食感を楽しめるのも魅力。

右／バンコクの北部料理店で。混み合うランチの前に、まかないを食べる。ライスは赤米入りで健康的。中／カオソーイに必ず付いてくる薬味セット。左／タイでよく見かけるにわとり柄の丼。市場などで売っているので、旅のお土産にも最適。

参考価格：カオソーイ（65B）。MAP ▶ P 136 B 6

辛さレベル☆☆☆

クイッティアオガイ

ก๋วยเตี๋ยวไก่

ほろりと崩れる煮込み鶏肉

参考価格：クイッティアオガイ（35B）。MAP ▶ P.137 C 36

麺よりも、一緒に盛られたどーんと大きな鶏肉に目がいく。そっと箸でつつくと、ほろほろっと崩れた。口に含むと、広がったのは薬膳スープの香りとほのかな甘さ、そして後味にニガウリのかすかな苦味を感じる。初めて食べた時から、ちょっと懐かしいような、ほっとする味がした。疲れた胃にも優しい麺だ。

現地の人はこう食べる。

★極細、中細、幅広麺から好みの米麺を選んでオーダー。
★甘めなので酢と唐辛子を加えるとバランスがいい。
★卓上にあるバジルや生のモヤシを好みで加え、よく混ぜる。

memo

クイッティアオは米麺、ガイは鶏を指し、中華スパイス入りのスープでじっくりと煮込んだ鶏肉を入れた麺。肉が柔らかく、スープが甘めなのが特徴。ニガウリを添えるのが一般的で、鶏の足（もみじ）もある場合が多い。

撮影したのは、食通の間でも評判の人気店。調理する眼差しも真剣そのもの。

煮込んだ鶏肉の濃厚なスープに、ニガウリが爽やかなアクセントをそえてくれる。

クイチャップ

辛さレベル☆☆☆

ก๋วยจั๊บ

ホルモン入りクルクル麺

参考価格：クイチャップ（55B）。MAP▶P.136 B 33

まるでパスタのような、クルッと丸まったかわいい米麺がクイチャップだ。層になった部分はモチモチとした食感、表面はツルッとしていて、スープと一緒に口に運ぶと、するする胃に納まっていく。さまざまな部位のホルモンが入ったスープは、薄味ながらもほんのりと甘みがあり心身に染み渡るような滋味深さ。タイ以外ではなかなか食べられないので、ぜひ現地で試したい料理のひとつだ。

現地の人はこう食べる。

★薄味なので、卓上の調味料セットで味を調えて食べる。

左／麺の下準備中。麺もホルモンも、丁寧に下処理をしている店は旨い。下／朝食に食べる人も多い麺。

memo

茹でる前は、生春巻きの皮のような薄い三角形。湯に入れるとクルクルと丸まる。スープは写真のような薄味のナムサイと、濃い色で濃厚な味のナムコンがあるが、店によって異なる。両方用意している場合も。

辛さレベル★★☆

クイッテイアオスコータイ

ก๋วยเตี๋ยวสุโขทัย

遺跡の町の名物ピリ辛麺

タイ北部の遺跡の町、スコータイ発祥の麺。酸味の効いたピリ辛スープはピーナッツとココナッツシュガーが入っていて、奥行きのあるコクと優しい甘みがある。最近のお気に入りは、食堂で隣になったグルメなおじさんが教えてくれた店のもの。バンコクでも食べられるのが嬉しい限りだ。

現地の人はこう食べる。

★普通の麺屋台などにはないので、看板にクイッティアオスコータイと書いてある店で注文を。
★汁あり、汁なし、麺を選ぶ。
★卓上調味料を好みで加える。

参考価格：クイッティアオスコータイ（45B）。MAP ▶ P.140 K 37

memo

すっきりした豚骨スープに、辛さと酸味の効いたトムヤム味がベース。ピーナッツと砂糖のほか、ササゲが入っているのも特徴。汁なしもおいしい。

撮影したのは有名な食堂。カノムチーンサオナームという、発酵米麺のココナッツソースがけも評判。

40年以上続く半屋外の食堂の看板メニュー。フードコートなどでも時々見かけるので探してみよう。

パッキーマオセンヤイ

辛さレベル ★★★

ผัดขี้เมาเส้นใหญ่

目が覚めるほど辛い太麺炒め

参考価格：パッキーマオセンヤイ（55B）。MAP ▶ P.137 F 29

直訳すると、幅広米麺の酔っぱらい炒め。由来は諸説あるが、激しく辛いことは確か。唐辛子の辛さに、生コショウのスパイシーさとバジルの爽やかな刺激が加わり、スピード感のある辛さが全身を駆け抜ける。現地の麺は一般的に生なので食感がいいが、太麺のもっちり感はまた格別だ。

現地の人はこう食べる。

★麺を置いている注文食堂などでオーダーできるメニュー。
★鶏、豚、魚介などから具を選ぶ。
★辛さ控えめオーダーも可能だが、それでも普通の日本人には辛い。

右／青と白のひさしがかわいい店の入口。左／壁にはこの店に関する絵がたくさん飾られている。白い立派な建物は、店の裏にあって給食も作っている小学校。

memo

センヤイ（幅広米麺）のバジル入りスパイシー炒め。酔っぱらいを意味する「キーマオ」という単語は、生コショウ入り激辛料理に使われる。爽やかな辛さが特徴。

ちょこっと休憩

どっちで食べる!?

超有名店vs地元の名店食べ比べ

参考価格：パッタイ（60B)。MAP ▶ P.140 M 38

ทิพย์สมัย

ティップサマイ

各国メディアも絶賛する老舗の濃厚パッタイ

パッタイは、平たい中細米麺をモヤシやニラ、揚げ豆腐などと炒めたもの。「タイ風の炒め麺」という意味で、まさにタイを代表する麺料理だ。世界中のパッタイ好きがまず訪れる店といえば、1966年創業「ティップサマイ」。店先のキッチンでは思わず見入ってしまう華麗な手つきで、次から次へと注文をさばいていく。この店のパッタイは、マンクンと呼ばれるエビミソが入っていて、コクと甘みのある濃厚な味わいが特徴。センジャンというパッタイ向きの麺を使用しているので、麺も弾力がありモチモチ！ 店にも皿に

右／卵で包んだパッタイホーカイ（90B）が、実は店の1番人気メニュー。中／店頭の調理風景も食欲をそそる。強火で次々と仕上げていく。

左／開店から閉店まで続く行列は、もはや日常風景となっている。

パッタイ編

ผัดไทย

V

参考価格：パッタイ（60B）。MAP▶P.142 P 12

ครัวหนึ่งสอง

クルアヌンソーン

お母さんが作ってくれたみたいな、優しい味わい

も勢いがあり、食べ終えた後はアトラクションにも似た達成感に包まれる。

　地元の人に混ざってゆっくり味わいたい、という人は「クルアヌンソーン」へ。油を多用せず、干しエビやピーナッツなど、素材の味を生かしているので、あっさりとしていて重くない。タマリンドの酸味とココナッツシュガーの奥深い甘みがしっかりと感じられ、シンプルだからこそおいしさが際立つ誠実な味わい。「家族に安心して毎日食べさせられるような料理しか、店でも出したくないんだよ」と語る店主の誇りと愛が詰まった、優しくて温かいひと皿だ。

右／建物の隣りにキッチンがあり、注文を受けてから、丁寧に調理してくれる。左／店の目印の看板。オフィス街のど真ん中にあるとは思えないのんびりとした雰囲気も心地いい。

小腹にドン

バンコク市内の大通りなら、10分も歩けば3～4種類の小さな屋台に出合えるはずだ。そこで売っているのは、プラリと食べ歩くのにぴったりな軽食の数々。時間がなくても、お金がなくても、思い立った時に気軽に楽しめる。そんな究極の旅グルメを満喫しよう。

辛さレベル☆☆☆

オースワン

ออส่วน

カキ好きに捧ぐ

プリプリとしたカキが、これでもか！　といわんばかりに自己主張。卓上のチリソースを付けるとさらに旨みが際立つけれど、まずはそのまま味わいたい。出来立て、アツアツのカキを一粒頬張れば、口の中でプチっと弾けて、夢見心地な気分にしてくれる。カキをやさしく包むふわふわの卵も、とろんとした生地も、思いがけないほどにジューシー。カキの旨みがすみずみまでしみ込んでいて、これだけで充分！と、心底思えるおいしさだ。朝、昼、晩、いつでも食べられる料理だけれど、夜風が気持ちいい屋外でビールと一緒に楽しむと、自分へのちょっとしたご褒美気分に。タイの夕暮れ時、気づけば頭の中はいつもカキとビールでいっぱいになっている。

現地の人はこう食べる。

★そのまま、もしくは甘辛いチリソースをかけて食べる。

★専門店や海鮮屋台、フードコートでも見かける人気メニュー。

パリパリの衣とプリプリしたカキのハーモニーが楽しめる、ホイトート。

memo

カキと卵を鉄板で炒め、片栗粉などの粉を水に溶いた生地を絡めて、とろりと仕上げる。アツアツの小さな鉄板の上に載せて出される場合も多い。材料はほぼ同じで、表面をカリカリに仕上げるホイトートという料理もある。

右／専用の大きな鉄板で次々に作られていく。　左／新鮮なカキがいっぱい。右のボウルの中にあるのはムール貝の一種。

参考価格：オースワン（70B）。MAP ▶ P.141 O 39

辛さレベル☆☆☆

サイクロークイサーン

ไส้กรอกอีสาน

肉々しくて、ちょっと酸っぱい

参考価格：サイクロークイサーン（10B）。MAP ▶ P 138 H 40

もくもくと煙を上げる屋台で焼いているのは、ムチッと太めのボディが気になるソーセージだ。串を持ってかじると、酸味のある肉汁がじゅわ〜っ。肉の他にもち米や春雨も入っていて、なんだか食感が楽しい。酸味があるのは、実は発酵させているから。調味料からソーセージまで、タイの発酵文化もなかなかに奥深いのだ。

現地の人はこう食べる。

★冷めている時は、お願いすれば温め直してくれる。

★一緒に付いてくるショウガや唐辛子、キャベツは薬味的な存在。

memo

サイクロークはソーセージ、イサーンは東北地方のこと。具は春雨入り、もち米入りなどを選べる店もある。街中の屋台のほか、イサーン料理の食堂やレストランなどでも食べられる。

右／炭火焼きが基本。左／大きなビルの前や駅の近くなど、人が多く集まる場所によくいる屋台のひとつ。

トートマンプラー

辛さレベル☆☆☆

ทอดมันปลา

弾力と香り、それに尽きる

参考価格：トートマンプラー（50B）。MAP ▶ P.140 K 24

リズム良く油のなかに放り込まれ、こんがりと揚がっていく様子がいかにもおいしそう！　シンプルなさつま揚げのように見えるけど、コブミカンの香りやササゲの食感が混ざりあった想像以上に賑やかな味わいは、やっぱりタイ料理だ。そして、何より重要なのは弾力。跳ね返るような小気味のいい食感は、食べるほどにクセになる。

現地の人はこう食べる。

★酢に砂糖を加えた、甘酸っぱいタレを付けて食べる。

★付け合わせの定番はキュウリ。味と食感の程よいアクセント。

右／魚の身をよく叩き、弾力のある食感に。レストランでは平たい円状で作ることが多い。左／表面がキツネ色になったら食べ頃。

memo

トートは揚げる、マンは油、プラーは魚の意味。シーフードレストランなどでは前菜として食べることも。ナギナタナマズを使ったものが、弾力がありおいしい。

辛さレベル☆☆☆

カノムパンナームー

ขนมปังหน้าหมู

こんな揚げパンもおいしいね

小さくカットした食パンにのっているのは、こねた豚肉。パンの外側はサクッと揚がっているけど、豚肉と接している部分はジューシーで、薄切りの食パンが持つポテンシャルを飛び超えたおいしさに仕上がっている。お手軽なのに、この完成度。日本の主婦が知ったら黙ってないかも。

現地の人はこう食べる。

★朝食や軽食として食べることが多い。

★付いてくる甘酸っぱいタレとキュウリは、揚げものの付け合わせの定番。

参考価格：カノムパンナームー（30B）。MAP ▶ P.141 O 41

memo

下味を付けてもみ合わせた豚肉を、薄切りの食パンにのせて揚げる。豚肉のほかに、エビを使ったカノムパンナークンも美味。

右／甘酸っぱいタレとキュウリを付けてくれる。豚肉に味が付いているので、まずはそのまま。左／朝から昼過ぎくらいの時間帯によく見かける。

プラムックヤーン

辛さレベル ★★☆

ปลาหมึกย่าง

おやつに、ビールのアテに

串を刺されて、並んでいるイカ、イカ、イカ。子持ちだったり、丸みがあったり、長かったり、ゲソだけだったり。1本指さすと、イカ売りのおじさんはそれを炭火の上の網においた。クネクネしながら、焼き上がる姿に釘付けに。目の前で焼かれた新鮮なイカが、おいしくないわけがない。

現地の人はこう食べる。

★焼き上がったら、ひと口大に切ってビニール袋に入れてくれる。
★辛いタレと甘めのタレから選べることが多い。辛いほうは激辛なので、ミックスがおすすめ。

参考価格：プラムックヤーン（サイズにより1本100B前後）。MAP ▶ P.136 A 42

右／甘辛ミックスのタレをかけたところ。ミックスでも日本人には激辛！
左／卵が詰まった子持ちイカ。エビやカニが有名だけど、海に囲まれたタイでは新鮮なイカも豊富。

memo

市場の中や街中など、あちこちで見かけるイカ焼き屋台。ゲソだけなら30B前後から。タレは直接かけるほか、別添えにもできる。

辛さレベル☆☆☆

หมูปิ้ง《ムーピン》

ジューシーで柔らかな激旨豚串

朝、混雑するバスのなかで隣のOLさんの手元から香ばしい匂いが漂ってくる。持っているレジ袋から透けて見えたのは、やっぱりムーピンだった。至る所で見かけるこの屋台、豚肉を串に刺して炭火で焼いているだけなのに、ふっくらと焼き上がった肉は柔らかく、脂身はジューシー。甘塩っぱい味付けが柔らかなカオニャオ（もち米）と恐ろしく相性が良く、3本くらいはペロっと食べてしまうキケンなやつだ。大人はもちろん、子どもたちも大好き。幼稚園の帰り道、お腹がすいた子にお母さんが買ってあげているのもよく見かける。串を片手に持ってかじりつつ、お母さんに丸めたもち米をあーんしてもらう子どもたち。その姿は、いつでも幸せに満ちている。

現地の人はこう食べる。

★通勤途中に買い、会社に持って行って朝食にする人も多い。

★すでに焼いたものを売っているが、希望すれば炭火で温め直しもしてくれる。

★一緒に焼き鳥を売っている屋台もある。ホテルに戻ってビールで一杯、という時のおつまみにも最適。

memo

豚の串焼き。下味を付け炭火で焼き上げた豚肉はとても柔らかで香ばしく、大人から子どもまで大人気。ほとんどの場合、カオニャオが一緒に売られているので、朝食や軽食にぴったり。

上／焼き上がったそばから、どんどん売れていく。串もカオニャオも、ビニール袋に入れて売るのがタイスタイル。左／たいてい、こんな感じの小さな屋台。看板に豚が描いてあることも多い。

上下を返しながら、炭火でじっくり焼き上げていく。肉に少し厚みがあると、柔らかくておいしい。タイの街を歩いていると、香りに誘われてついつい寄ってしまう屋台のひとつ。

参考価格：ムーピン（10B）、カオニャオ（5B）。MAP ▶ P.138 G 43

辛さレベル☆☆☆

ポーピアトート

ปอเปี๊ยะทอด

ハーブと野菜でもっとおいしい

参考価格：ポーピアトート（35B）。MAP▶P.136 A 44

見ての通り、日本でもおなじみの揚げ春巻き。のはずが、春巻きを買うと大量のレタスやバジルをビニール袋に一緒に入れてくれる。レタスで巻いてハーブを添えて、スイートチリソースをつけて食べるだけで、いつもの春巻きがあっという間にエスニックな味わいに！ そんなちょっと意外な異国体験も、海外旅行ならではのお楽しみだ。

現地の人はこう食べる。

★揚げ春巻きにはスイートチリソースが定番。
★レタスで巻かず、春巻きとレタスやハーブを交互に食べる人もいる。

memo

屋台のほか、フードコートやスーパーのお惣菜コーナーなどにもある。具は春雨やひき肉など。最近は店によって野菜が付かないこともあるので、春巻きの横にレタスやバジルを山盛りにしている店で買うのがおすすめ。

春巻き以外の揚げものも美味。右の巾着揚げは皮のサクサク感がクセになる味。

マタバ

辛さレベル☆☆☆

มะตะบะ

イスラム風カレークレープ

参考価格：マタバ（各35B）。MAP ▶ P.140 K 45

イスラム系の人も多いタイのスナック。クレープのような薄い生地でカレー味の具を包み、こんがり揚げ焼きにする。さっくりとした生地と、ほっくりと優しい具のバランスがいい。今では民族を問わず多くのタイ人に愛されているようで、70年以上前イスラエル人のオーナーがはじめた専門店のテーブルは、毎日たくさんの人で埋まっている。

現地の人はこう食べる。

★市場の屋台などでも売っているので、小腹が空いた時に最適。
★アジャートという、キュウリの入った甘酸っぱいタレを付ける。

右上／伸ばした生地に具をのせ、しっかりと包み込む。右下／ジュワジュワと焼き上がる頃には、辺りにいい香りが漂う。小さめサイズなので、おやつにぴったり。左／ひと口大にカットしてサーブ。ランチなら、2個は食べられそう。

memo

カレー味のひき肉や野菜を包んで、油とバターでこんがり焼きあげる。イスラム系のため豚肉は使わない。

辛さレベル ★☆☆

ルークチン

ลูกชิ้น

庶民の味方、すり身団子

参考価格：ルークチン（各10B～）。MAP ▶ P.137 C 46

タイの道端で、もっともよく目にする屋台のひとつ。ひっきりなしに人が来て、2、3本買っては立ち去って行く。並んだ串には魚、エビ、鶏、牛などのほか、海苔入りや豆腐入りもあって奥深い。物価高騰が続くバンコクにあり、いまだに1本10B。それでいてお腹にずっしりたまるんだから、地に足の着いた庶民の味方、と言っていいだろう。

現地の人はこう食べる。

★好きな串を選ぶと、その場でさっと油で揚げてくれる（炭火焼きの場合も）。

★辛いタレ、甘いタレなど、タレは数種類用意されている。

右／買った串はビニール袋に入れて、そこにタレをかけてくれる。中／隣では焼き串も売っている屋台。左／街中、どこにでもあるルークチン屋台。見かけた時が、試し時。

memo

ルークチンとは、肉や魚、エビなどのすり身を団子状にしたものの総称。麺やタイスキなどの具材としても使われる。

ポンラマイタッテン

辛さレベル☆☆☆

ผลไม้ตัดแต่ง

フルーツ天国の恩恵に浴する

参考価格：ポンラマイタッテン（各 20B ～）。MAP ▶ P.138 H 47

ガラスのショーケースに並んだ、色とりどりの南国フルーツ。どれもささっと食べやすくカットしてくれるから、いつでも気軽に食べられるのが嬉しい。朝から夜まで、時間帯にかかわらずタイの人たちは本当によくフルーツを食べている。1年中強い日差しにさらされているのにシミのある人が少ないのは、ビタミンのおかげなのかも……！

現地の人はこう食べる。

★皮をむいてひと口大に切り、種類ごとにビニールに入れてくれる。

★淡白なフルーツには、唐辛子や砂糖入りのタレなどを付けることも。

右上／右から青いマンゴー、ドラゴンフルーツ、パパイヤ。右下／まだ酸っぱい青いマンゴーは砂糖に塩と唐辛子を少し入れたものを付けてもおいしい。左／見事な手さばきで皮をむき、カットしていく。手押し車タイプの小さめの屋台が一般的。

memo

パパイヤ、グアバ、スイカなど、南国フルーツが1年中豊富。水分補給感覚で気軽にどうぞ。

ちょこっと休憩

タイのドリンクいろいろ。

駅の構内から道端まで、いろいろな場所で遭遇するジュース屋台。フルーツやハーブなど、タイならではの食材を使ったものも多く興味深い。屋台では1杯20～100Bくらい。レストランで飲めるものも多い。

フレッシュフルーツ系

その場で絞ったフルーツジュースは、新鮮そのもの。フルーツの恵みをストレートに味わえる、贅沢ドリンク。

น้ำส้ม
ナムソム

ナムは水、ソムはミカンのこと。小さくて甘みが強いミカンの生絞りジュース。街中の至る所で見かける屋台のひとつ。

น้ำมะนาว
ナムマナオ

タイ料理にもよく使われる、マナオと呼ばれるタイのライムを絞ったもの。その場で手絞りしているので、新鮮な香りが楽しめる。酸っぱいものが好きな人向け。

น้ำมะพร้าว
ナムマプラオ

ココナッツジュース。緑の皮が残っている巨大な実は生のジュース。小さいものは一度殻ごと炙り焦げた皮をむいたもので、生臭さがなく飲みやすい。よく冷えたものを選ぼう。

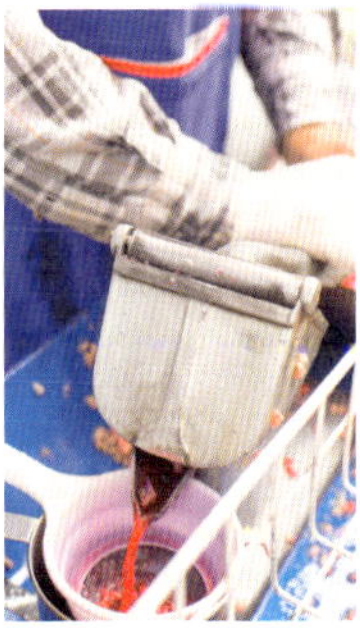

น้ำทับทิม
ナムタプティム

最近、かなり増えているザクロジュース屋台。日本では考えられない贅沢な生絞り100％！　中国産とインド産が主流。自然な甘みがあり、飲みやすい。

コーヒー&紅茶系

おしゃれなカフェも増えたタイだけど、昔ながらの屋台カフェも健在！　甘～い一杯が、疲れを癒してくれる。

กาแฟโบราณ
カフェボラーン
コーヒーの粉にお湯を注ぎ、布で漉していれる昔ながらのスタイルのコーヒー。練乳を入れて甘くするのが、タイ式。

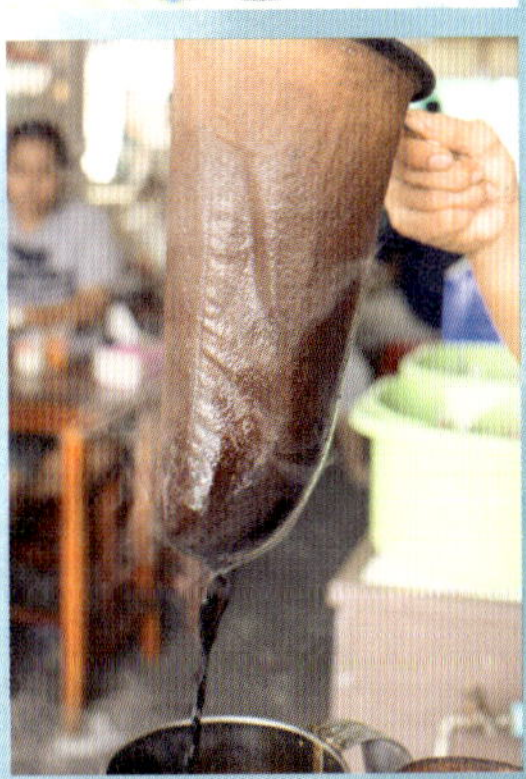

ชานม
チャーノム
オレンジ色の甘い香りのするタイ紅茶。練乳とミルクを入れるのが定番で、かなり甘い。ホットも可。

フルーツスムージー系

フレッシュフルーツに氷などを加えたスムージーの屋台もタイの定番。好きなフルーツのミックスもできる。

มะม่วงปั่น
マムアンパン
マムアンがマンゴー、パンがシェイクのこと。とろりと濃厚でデザートのような贅沢感。

แตงโมปั่น
テンモーパン
スイカシェイク。さっぱりしていて飲みやすいので、疲れた時に。ライムを足しても美味。

สับปะรดปั่น
サッパロットパン
パイナップルシェイク。さっぱりだけど甘みがあり、南国らしいトロピカルな味わい。

ハーブティー系

味とカラフルな色合いを楽しめるタイのハーブティー。茶葉はお土産にもおすすめ。

น้ำกระเจี๊ยบ
ナムガチアップ
ハイビスカスティー。ビタミンCが豊富で、酸味がある。ホットでもアイスでもおいしい。

น้ำอัญชัน
ナムアンチャン
バタフライピーという青い花のお茶。あっさりとした味わい。ライムを加えると紫色に変わる。

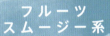

タイ　おやつパラダイス

タイの人たちは甘いものが大好き。日本だったら女子で埋まりそうなデザートショップで、おじさん2人組がケーキをパクパク、なんて光景を目にすることも日常茶飯事。朝は朝食代わりにバナナ揚げ、ランチの後にはココナッツのアイス、夜は屋台街でかき氷やカリカリのクレープをつついたり……。そんなふうに1日中おいしいデザートを売る屋台があちこちに現れるから、甘いもの探しに困ることもまったくなく、まさにおやつパラダイス！　タイでの食べ歩きを本気で楽しむなら、スパイシーな料理の後は、甘いものを味わうのを忘れずに。

参考価格：カオニャオマムアン（70B)。MAP ▶ P.142 Q 48

ข้าวเหนียวมะม่วง《カオニャオマムアン》

ココナッツミルク味のもち米はほんのり塩気があり、みずみずしくて甘～いマンゴーとのバランス感が絶妙！「おはぎだと思うと違和感なく食べられる」という意見もあるけど、完成度はそれ以上かも。

参考価格：タプティムクロープ（30B）。MAP ▶ P.140 M 49

ทับทิมกรอบ《タプティムクロープ》

ピンク色の正体は、クワイの実をタピオカ粉などで作るゼリー状の膜で包んだもの。ゼリーのモチモチ、クワイのシャクシャク、甘いココナッツミルクのスープのコラボは、まさに「おいしい」の無限ループ。

参考価格：ローティー（15B）。MAP ▶ P.140 K 45

โรตี《ローティー》

薄く伸ばした生地をたたんで、また伸ばしてたたんで。それを何回も繰り返して焼くタイの素朴なパンケーキ。専門店もあるけれど道端の屋台でも買えるので、見かけたらぜひ。トッピングもいろいろ選べる。

参考価格：ブアローイ（25B）。MAP ▶ P.138 H 50

บัวลอย《ブアローイ》

温かいココナッツミルクに小さなお団子が浮かんだ、タイ版白玉ぜんざいのようなおやつ。優しい甘さのスープはほんのりと塩気もあり、お団子はモチモチ、柔らか。日本人にも食べやすいほっこり系。

参考価格：ナムケンサイ（30B）。MAP ▶ P.140 M 49

น้ำแข็งใส《ナムケンサイ》

ナムケンは氷、サイは削る、という意味で、見たまんまのかき氷。カボチャやアズキ、コーン、クワイ、ナタデココからもち米、パンまで、とにかくトッピングが豊富なのが特徴。オーダーは指さしでOK。

参考価格：ルークチュップ (60B／20個)。MAP ▶ P.137 D 51

ลูกชุบ《ルークチュップ》

色とりどりに並んだ、タイの野菜やフルーツたち。実はこれ、ココナッツミルクを加えた豆のあんを寒天で包んだお菓子。優しい和菓子のような甘さなので、白あんが好きな人なら、きっと気に入るはず。

参考価格：アイスクリームガティ (25B)。MAP ▶ P.140 M 52

ไอศครีมกะทิ《アイスクリームガティ》

ガティとはココナッツミルクのこと。タイでは定番中の定番で、至る所に屋台が出没。アイスとシャーベットの間のような、ほどけるような柔らかな口どけと優しい甘さで、暑さに疲れた体を癒してくれる。

参考価格：カノムパンサンカヤー（30B）。MAP ▶ P.140 M 53

ขนมปังสังขยา《カノムパンサンカヤー》

蒸してふかふかの食感になったパンに、緑色のカスタードクリームをつけて食べる屋台のおやつ。緑色の素は、パンダンリーフというハーブ。鮮やかな色合いと、バニラにも似た南国らしい甘い香りが魅力。

参考価格：カノムクロック（20B）。MAP ▶ P.139 J 54

ขนมครก《カノムクロック》

ココナッツミルクと米粉がベースの焼き菓子。外側はカリッ、中はモッチリ、中央部はトロリとアツアツで、その食感の移り変わりが楽しい。トッピングのネギに惑わされるけど、意外やしっかり甘め。

参考価格：ブアローイナムキン（20B）。MAP ▶P.141 O 55

บัวลอยน้ำขิง《ブアローイナムキン》

辛いくらいにショウガの効いたスープに浮かんでいるのは、とろりと柔らかな黒ゴマあんが入った白玉団子。中華街の定番おやつで、甘さと辛さのバランスが絶妙。食感が楽しい小さな揚げパンはオプション。

参考価格：タゴーサクー（45B）。MAP ▶P.137 D 51

ตะโก้สาคู《タゴーサクー》

上段には塩気の効いたムース状のココナッツミルクが、下段にはもっちりとしたタピオカを固めたものが入っている２層構造。甘塩っぱく、もちもちでクセになる味わい。下段にはコーンやクワイが入ることも。

参考価格：チャオグワイ（30B）。MAP ▶ P.141 O 56

เฉาก๊วย《チャオグワイ》

真っ黒な仙草ゼリーは、とくに苦味も強い弾力もなく食べやすい。たっぷりの氷と黒砂糖をかけるので、ほんのり自然の甘さが楽しめるひんやりスイーツ。体の熱を下げて、涼しくなりたい時にぴったり。

参考価格：グルアイトート（30B）。MAP ▶ P.141 O 57

กล้วยทอด《グルアイトート》

サックリとした衣と、トロリと甘いバナナの組み合わせは想像以上のおいしさ。パンダンリーフを一緒に揚げて香りを付けるなど、ひと手間加えている屋台だとさらに美味。サツマイモ揚げがあることも多い。

THAILAND

麺屋台オーダーの流儀

タイで気軽に食べられる屋台飯の代表が、ずばり麺！　麺の種類を選んだり、スープの味を指定したりとちょっと難しそうに思えるかもしれないけれど、コツをつかめばタイ語がわからなくても大丈夫。たとえスムーズに注文できなくても、外国人に親切な人が多いので心配する必要はなし。場数を踏めば自然と慣れるので、まずは積極的にチャレンジを！

1.麺を選ぶ。

屋台に置いてある麺から、好みのものを選ぶ。置いてあることが多いのは、センミー（極細米麺）、センレック（中細米麺）、センヤイ（幅広米麺）、ウンセン（春雨）、バミー（中華麺）。

2.味付けを選ぶ。

ナーム（味付けなしのあっさりスープ）、ナムトック（血入りで濃厚）、トムヤム（酸っぱ辛い）、イェンターフォー（紅腐乳味）などから、スープの味付けを指定。ただし、店によってできないスープもある。

3.汁あり、汁なしを選ぶ。

スープありは「ナーム」、スープなしは「ヘン」。麺を入れない具だくさんスープ「ガオラオ」もあり。

4.具を選ぶ。

ムー（豚肉）、ルークチン（すり身団子）、ムーデーン（チャーシュー）、ギアオ（ワンタン）など。店によって品揃えは違うので、あるものから選ぶ。1～4を組み合わせて、「バミートムヤムナームムー」と言えば、豚肉入りで酸っぱ辛い汁あり中華麺、となる。

5.注文が終わったら。

麺がきたら、スープを味見。卓上のナンプラー、酢、粉唐辛子、砂糖で味を調える。砂糖を入れるとコクがでる。

覚えておきたい食事のマナー

マナーを守って楽しく、おいしく!!

トコロ変わればマナーも変わる！　というわけで、行く前にこれだけは知っておきたい、タイでの基本的な食事マナーを紹介。

1．スプーンは右、フォークは左

麺以外は、ほとんどスプーンとフォークで食べる。左手のフォークで食べ物を右のスプーンにのせ、スプーンから口に運ぶのが基本。

2．音をたてて麺をすするのはNG

麺はすすらず、れんげにのせて口に運ぶか、少しずつ箸で持ち上げるように食べる。音を立てるのはマナー違反なので気をつけて。

3．器は基本、持ち上げない

スープなどを入れた小さな器を含め、食器は持ち上げずに食べるのがマナー。味噌汁のように器に直接口をつけるのもダメ！

指さしタイ語

メニューがタイ語だけだから諦めよう……、と思ったアナタ、ちょっと待った！　気になる料理があったら、積極的に店に入って店員さんに、本を指さして注文してみよう。こちらが笑顔で話しかければ、きっとニッコリ笑って返してくれるはずだ。

オーダー時に伝えたいこと

มีอาหารแนะนำไหม
おすすめの料理はありますか？

อาหารจานนี้เผ็ดไหม
この料理は辛いですか？

มีอาหารอะไรทานคู่ด้วยกันได้บ้าง
この料理にはどんな料理が合いますか？

อาหารที่คนนั้นทานอยู่ คืออะไร
あの人が食べている料理は何ですか？

สั่งอาหารเหมือนของคนนั้น
あの人と同じ料理をください。

ชุดนี้สำหรับ「　」คนพอไหม
これで「　」人で食べるのには足りますか？

ขอ「　」หน่อย
すみません、「　」をください。

ไม่ใส่「　」
「　」は抜いてください。

ใส่「　」เยอะ
「　」を多めに入れてください。

「ราด」「ไม่ราด」น้ำจิ้ม
タレを「かけて」「かけないで」ください。

ไม่ใส่น้ำแข็ง
飲み物に氷を入れないでください。

オーダー時によく聞かれること

ทานที่นี่หรือกลับบ้าน《ターンティーニー ル グラップバーン》

こちらで召し上がりますか、お持ち帰りですか？

ทานที่นี่《ターンティーニー》

ここで食べます。

เอากลับบ้าน《グラップバーン》

持ち帰りです。

เอาเผ็ดไหม《アウペットマイ》

辛くしますか？

เอาเผ็ด《アウペット》

辛くしてください。

ธรรมดา《タマダー》

普通でお願いします。

ไม่ต้องเผ็ด《マイトンペット》

辛くしないでください。

อาหารราดข้าวหรือแยก《アハーンラートカーオ ル イェーク》

おかずはごはんと一緒に盛りますか、別盛りにしますか？

ราดข้าว《ラートカーオ》

ごはんにかけてください

แยกกับข้าว《イェークガップカーオ》

別盛りにしてください

料理がきてから伝えたいこと

ขอชุดเครื่องปรุง

（麺用の）調味料セットをください。

ขอจาน(ถ้วย)แบ่ง

取り分け用の小皿（小鉢）をください。

ช่วยถ่ายรูปให้หน่อย

写真を撮っていただけますか？

ขออาหารจานนี้อีก

これと同じものをもうひとつください。

อาหารเหลือใส่กล่องหน่อยได้ไหม

（残した場合）持ち帰り用にできますか？

わかると便利

ราคา
値段

บิล/เก็บเงิน
会計

ดั้งเดิม
昔ながらの

เจ้าเก่า
老舗

บริการจัดส่ง
宅配サービス

ชุด
セット

食器類

ช้อน
スプーン

ส้อม
フォーク

ตะเกียบ
箸

ช้อนจีน
れんげ

จาน
皿

ถ้วย
器

ชาม
どんぶり

แก้ว
コップ

หลอด
ストロー

กา
ポット

กระดาษทิชชู่
ティッシュ

ไม้จิ้มฟัน
つまようじ

หม้อ
鍋

単位

1อัน
1 個

1จาน
1 皿

1โหล
1 ダース

1ถ้วย
1 杯

1ขีด
100 グラム

しゃべってみたいフレーズ

男性は「クラップ」、女性は「カ」を文末に付ける。

ขอโทษ ครับ/ค่ะ《コートー・クラップ/(カ)》
すみませ～ん！

เช็คบิลหน่อย ครับ/ค่ะ《チェックビンノイ・クラップ/(カ)》
お会計お願いします。

เท่าไหร่ ครับ/คะ《タオライ・クラップ/(カ)》
いくらですか？

อร่อย《アロイ》
おいしい！

เผ็ด แต่ อร่อย《ペット・テー・アロイ》
辛いけどおいしい！

ได้กินครั้งแรก《ダイギン・クランレーク》
初めて食べました。

ちょこっと休憩

タイにしかない“外国料理”って！？

タイ料理のメニューを見ていると、国名や街の名前を冠したものがチラホラ。それらのほとんどがタイのオリジナルで、その国の料理とは関係ないことが多い、というのもなんだか自由で面白い！

ロートチョン“シンガポール”
ลอดช่องสิงคโปร์
昔ながらのココナッツスイーツ

うるち米粉などからできた、緑のニョロニョロがロートチョン。それを甘いココナッツミルクに浮かべたものだが、シンガポールにはないそう。その昔、タイの中華街でこれを売りはじめた店が、「シンガポール座」という映画館の前にあったことから、この名前が付いたのだとか。

MAP ▶ P.141 O 58

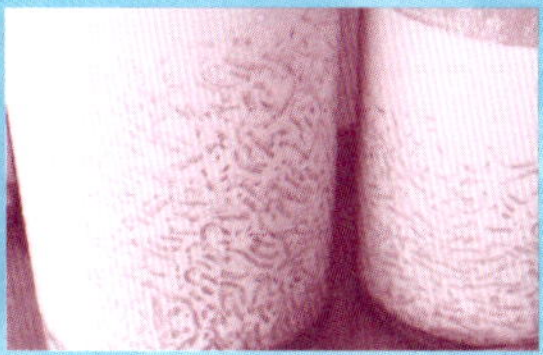

右／バイトゥーイ（パンダンリーフ）で色づけしているため、こんな緑色に。グラスの下のほうにシロップが入っているので、よく混ぜて食べるとおいしい。左／このデザートの発祥だと言われる、中華街の店の看板。

カノム“トーキョー”
ขนมโตเกียว
直訳すると、東京菓子

薄いパンケーキのような生地で、カスタードクリームやソーセージをくるっと巻いた手軽なおやつ。なぜ“東京”かの由来ははっきりしていないが、タイの子どもたちに大人気！

中／卵などを入れた甘くないものもある。下／くるくる巻いて、食べやすく。

MAP ▶ P.138 H 59

カオパット“アメリカン”
ข้าวผัดอเมริกัน
ケチャップ味、ゆえにアメリカ

直訳すると、アメリカチャーハン。日本で言うところのチキンライスのようなもので、タイ版洋食の定番のひとつだ。似た料理で、パットマカロニー（マカロニ炒め）もあり。

チキンと目玉焼きの付いた、ちょっと豪華なカオパットアメリカン。タイ料理に飽きた時にもいい。

洋食店ではなく、普通のタイ料理を出す食堂などでも食べられるメニュー。

MAP ▶ P.139 I 25

料理を掲載した店舗リスト

おまけ

バンコク全体マップ

旅するには全体の位置関係や方向の把握が大切。ということで、まずは全体マップで場所をチェックしよう。地図上にある番号と下の店番号が対応している。各店舗の詳細は次のページから。

1. パトゥムケーキ
2. ラープペットヤソートン
3. ジョークルアムジャイ
4. トンリー
5. ラチャテウィー コート フード
6. ホムドゥアンチェンマイ
7. ヤムネーム屋台
8. サバイジャイ
9. イサーンロムイェン
10. クンテオ
11. ハイ
12. クルアヌンソーン
13. ポークルアトゥアン ヨートナックトゥン
14. サウェーンガイヤーン
15. カオプララームロンソン屋台
16. アマットロットディー
17. メースニー
18. カオカームーサラデーン
19. ターニーカオムーデーン
20. ラーンガイトーンプラトゥーナーム（ゴアーン）
21. ジェックメン
22. クルアアロイアロイ
23. スパンニガー イーティング ルーム
24. ラーンクンジム
25. サグアンシー
26. スッジャイガイヤーン [illegible]
27. エルヴィス スッキー
28. オートーコー市場の注文食堂
29. クルア O.V.
30. ラーンジェーオーウカノムペット
31. クントーン イェンターフォートムヤム
32. ティンティアオルア
33. アルンワン
34. ラートナーユーイー
35. ニュー ユーンヨン
36. ルアテークプラカノン
37. ソムソーンポチャナー
38. ティップサマイ
39. ホーイトートナーイモン
40. サイクロークイサーン屋台
41. カノムパンナームー屋台
42. ムックヤーン ムアントン 2
43. ムーピン スートホンコン
44. ルントゥーイ
45. ローティーマタバ
46. ルークチン屋台
47. フルーツ屋台
48. ブーンサップ
49. ナムケンサイチェンシイム
50. メーアム
51. カノムタイ ガオピーノーン
52. ナタポーン アイスクリーム
53. ミルク ノムソット
54. カノムクロック屋台
55. タオフワイ ナムキン
56. タオトゥン
57. クルアイトート テーイスポット
58. ロートチョン シンガポール
59. カノムトーキョー屋台

！看板や正式名称がないお店もあります。迷ったら店名を伝えつつ、写真を見せて近くのタイ人に聞いてみるのもあり！

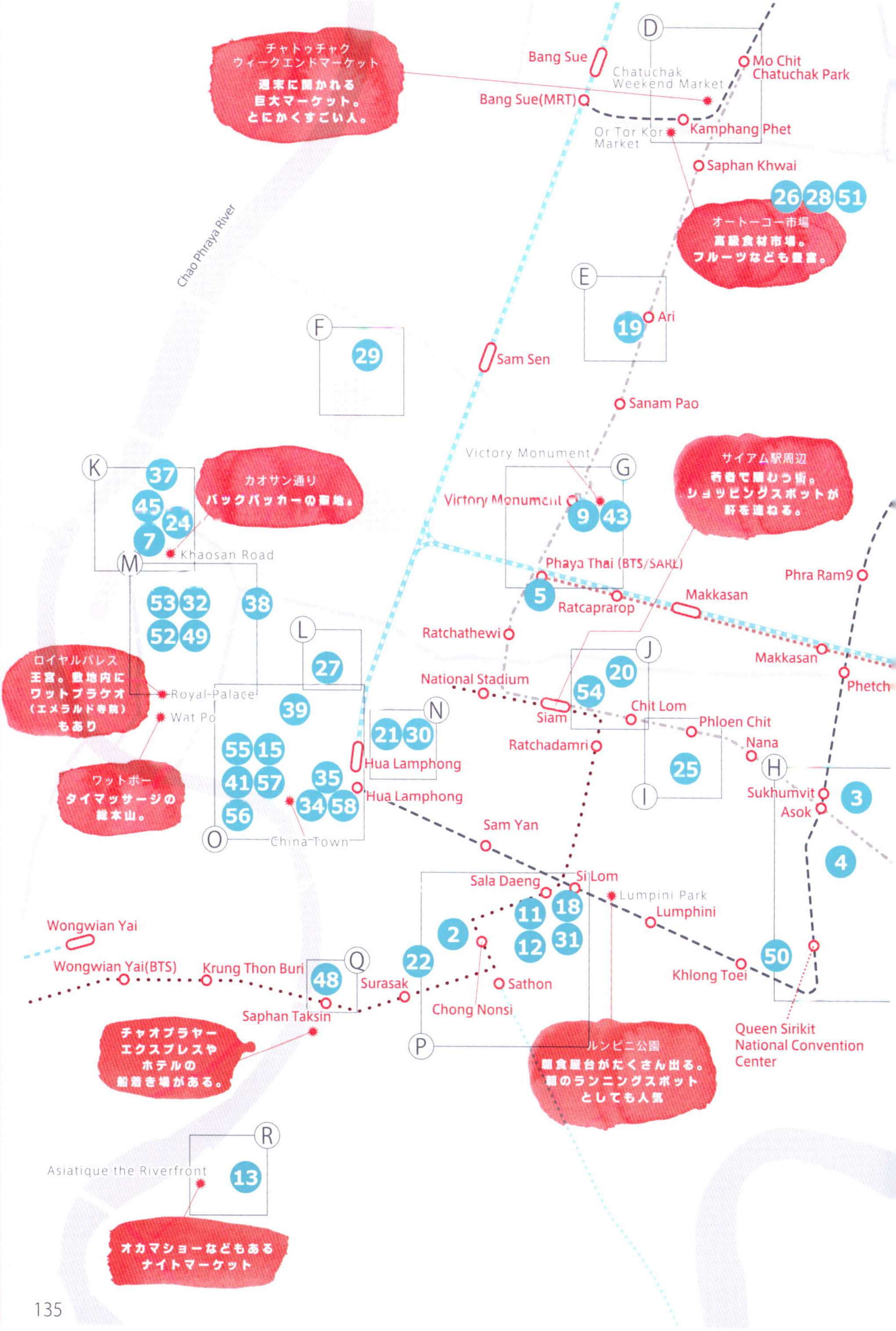
チャトゥチャク
ウィークエンドマーケット
週末に開かれる
巨大マーケット。
とにかくすごい人。
Bang Sue
Bang Sue(MRT)
Chatuchak Weekend Market
Mo Chit
Chatuchak Park
Or Tor Kor Market
Kamphang Phet
Saphan Khwai
オートーコー市場
高級食材市場。
フルーツなども豊富。
Chao Phraya River
Ari
Sam Sen
Sanam Pao
Victory Monument
Victory Monument
サイアム駅周辺
若者で賑わう街。
ショッピングスポットが
軒を連ねる。
カオサン通り
バックパッカーの聖地。
Khaosan Road
Phaya Thai (BTS/SARL)
Ratcaprarop
Makkasan
Phra Ram9
Ratchathewi
Makkasan
Phetch
National Stadium
Siam
Chit Lom
Phloen Chit
Nana
Ratchadamri
Sukhumvit
Asok
ロイヤルパレス
王宮。敷地内に
ワットプラケオ
（エメラルド寺院）
もあり
Royal-Palace
Wat Po
ワットポー
タイマッサージの
総本山。
Hua Lamphong
Hua Lamphong
China Town
Sam Yan
Sala Daeng
Si Lom
Lumpini Park
Lumphini
Khlong Toei
Wongwian Yai
Wongwian Yai(BTS)
Krung Thon Buri
Surasak
Saphan Taksin
Chong Nonsi
Sathon
Queen Sirikit National Convention Center
チャオプラヤー
エクスプレスや
ホテルの
船着き場がある。
ルンピニ公園
朝食屋台がたくさん出る。
朝のランニングスポット
としても人気
Asiatique the Riverfront
オカマショーなどもある
ナイトマーケット
D E F G H I J K L M N O P Q R
26 28 51 19 29 37 45 24 7 9 43 5 53 32 38 52 49 27 20 54 39 21 30 25 55 15 41 57 35 3 56 34 58 4 18 11 2 12 31 22 50 48 13

【表記例】

N
4

マップ掲載番号
店名
ひとことメモ
住所（掲載店舗はすべてバンコク市内）
電話番号
営業時間
掲載料理
掲載ページ数

掲載店舗の詳細情報

おまけ

渋滞が多いバンコクは、中心部を走る高架鉄道 BTS と地下鉄 MRT を使うのが便利。道路は奇数側と偶数側で番地が左右に分かれている。大通りから入る小路のことをタイ語でソイという。売り切れたら閉まるお店も多いのでご注意を。

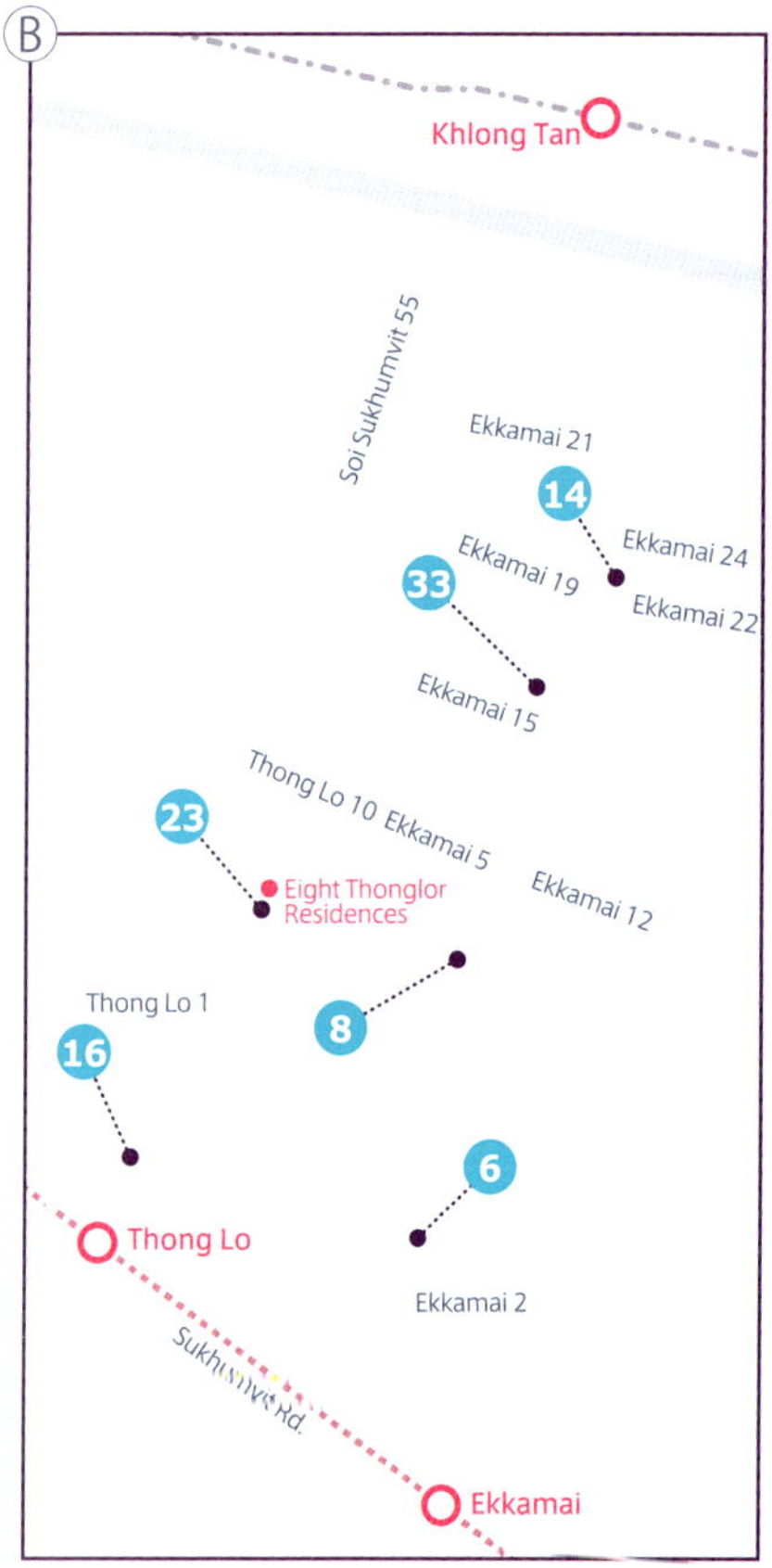

6 ホムドゥアンチェンマイ

お母さんたちが営む、北部家庭料理のかわいい食堂。
70/2 Soi Ekkamai, Soi 63 Sukhumvit Rd.
085-037-8916
9:00 17:00（売り切れ次第終了）土日定休
ナムプリックオン P24、タムカヌン P25、ゲーンハンレー P61、カオソーイ P96

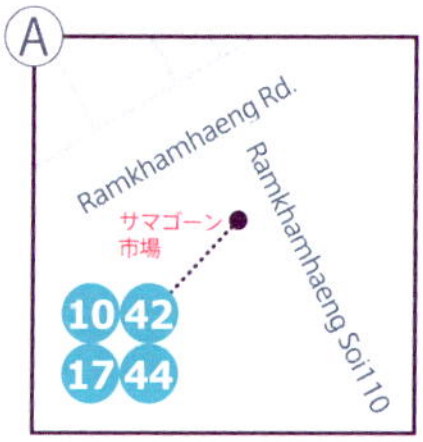

10 クンテオ

基本は持ち帰り専門のソムタム屋台。頼めば皿に入れてくれる。中心部からはかなり離れるので、アクセス難度は高め。
Soi 110 Ramkhamhaeng Rd.（サマゴーン市場内）
081-741-5981
5:00～15:00 くらい
土日のみ営業　タムタートッ P30

17 メースニー

野菜もハーブも新鮮そのものの、こだわり屋台。電車では行けずアクセスは難しいけど、わざわざ行く価値あり。
Soi 110 Ramkhamhaeng Rd.（サマゴーン市場内）
089-736-6776　5:00～15:00 くらい　土日のみ営業
カオヤム P44、カノムチーン P86

42 ムックヤーン ムアントン 2

イカ焼き専門屋台は市場以外にもたくさんあるので、見かけたら試してみよう。
Soi 110 Ramkhamhaeng Rd.（サマゴーン市場内）
電話番号なし　5:00～15:00 くらい　土日のみ営業
プラムックヤーン P113

44 ルントゥーイ

ご近所さんに人気の店。お昼前には売り切れることも多い。
Soi 110 Ramkhamhaeng Rd.（サマゴーン市場内）
電話番号なし
5:00～15:00 くらい　土日のみ営業
ポーピアトート P116

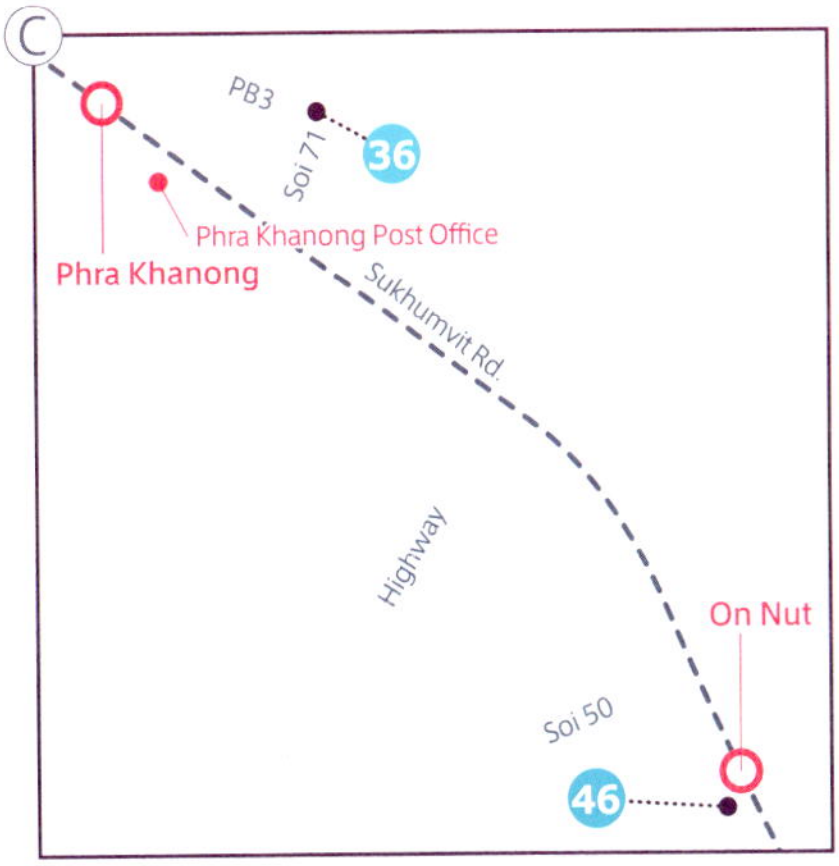

36 ルアテークプラカノン

タイの麺コンテストで 3 位に輝いた実力店。
Soi Pridi Banomyong 3, Soi 71 Sukhumvit Rd.
電話番号なし
8:00 ～翌 3:00
クイッティアオガイ P98

46 ルークチン屋台

バンコク中、どこの通りにも出没するので、見かけた時がチャンス！
BTS オンヌット駅下（テスコロータス前）
電話番号なし
14:00～22:00 くらい　月曜定休
ルークチン P118

8 サバイジャイ

イサーン料理とシーフードが有名。在住外国人にも人気の店。
65 Soi1 Ekkamai Rd., Soi63 Sukhumvit Rd.
0-2714-2622
10:00～24:00　休なし
ヤムトゥアプー P27、ソムタムポンラマーイ P31

14 サウェーンガイヤーン

ソイ 24 の角にある注文食堂。炭火で作ってくれる。
380/4 Soi 24 Ekkamai,Soi 63 Sukhumvit Rd.
0-2711-4993
8:00 ～ 20:00　日曜定休
カオパットガパオクルックガイ P39

16 アマットロットディー

昼前には売り切れてしまう人気の屋台。
本店はラマ 9 世通りにあるカオモックガイの有名食堂。
Soi Thong Lo,Soi 55 Sukhumvit Rd.
電話番号なし
8:00 ～ 13:00（売り切れ次第終了）
カオモックガイ P43

23 スパンニガー イーティング ルーム

おばあちゃんのレシピで作られた、
家庭の味を楽しめるおしゃれなレストラン。
160/11 Soi Thong Lo, Soi 55 Sukhumvit Rd.
0-2714-7508
11:30-14:30、17:30-23:30　休なし
スップマラヤッサイ P57、カイルーククゥーイ P75

33 アルンワン

昼時には行列ができる、地元の人に愛される麺食堂。
293 Soi 15 Ekkamai, Soi 63 Sukhumvit Rd.
0-2392-5301
9:00～15:00　不定休
バミー P90、クイチャップ P99

19 ターニーカオムーデーン

3 種類の豚肉が楽しめるカオムーデーンの専門食堂。
昼食時はかなり混み合う。
1161-3 Phaholyothin Rd.
0-2278-3987
8:00 ～ 16:00　休なし
カオムーデーン P47

29 クルア O.V.

小学校の給食も出している素朴な食堂。ドゥシット動物園の近く。
199 Pichai Rd.
0-2243-1980
10:30 ～ 20:00 日曜定休
ムーパロー P81、パッキーマオセンヤイ P101

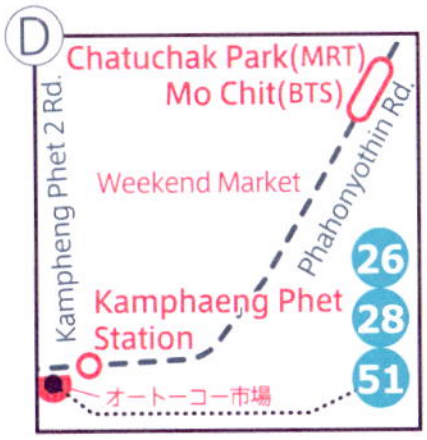

26 スッジャイガイヤーンソムタムオートーコー

バンコク随一の高級食材市場、オートーコー市場内。
市場内のフードコートのほか、敷地内に食堂もある。
101 Khumphaengphet Rd.
(オートーコー市場内)
081-829-5344　8:00～18:30 くらい　休なし
ガイヤーン P70

28 オートーコー市場の注文食堂

オートーコー市場にはいくつか注文食堂があって便利。
101 Khumphaengphet Rd.(オートーコー市場内)
0-2279-2080(代)
7:00 ～ 18:00　休なし
パットプリックゲーンムー P80

51 カノムタイガオピーノーン

数多くのタイ菓子が揃い、どれもおいしいとタイ人の間で人気の高い店。
101 Khumphaengphet Rd.(オートーコー市場内)
0-2278-1426
7:00～18:00 休なし
ルークチュップ P125、タゴーサクー P127

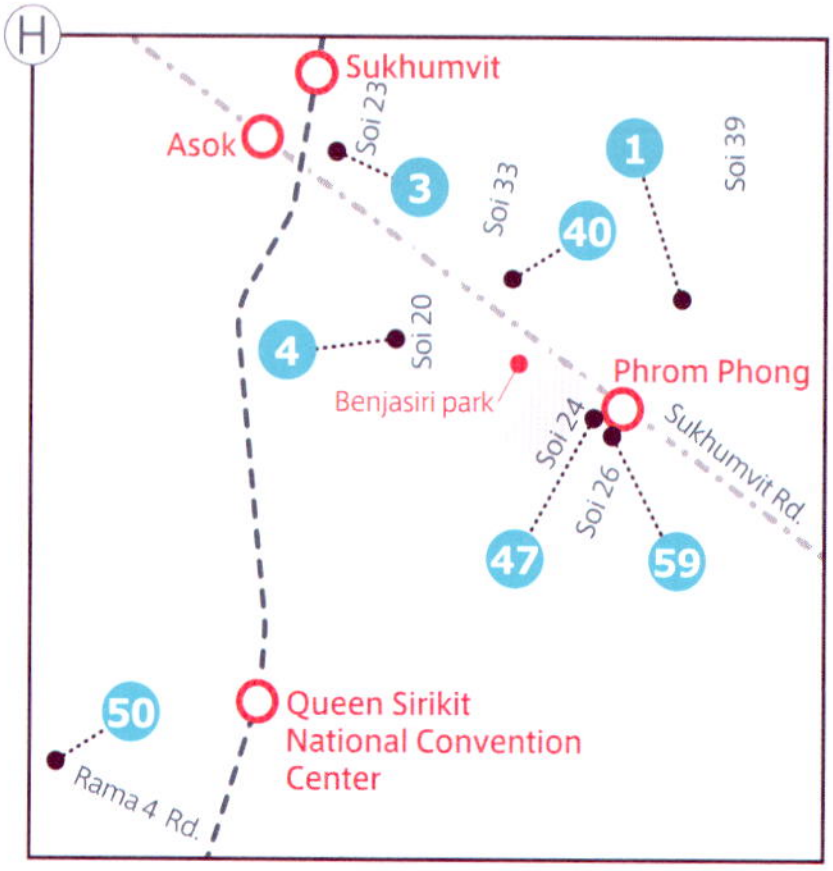

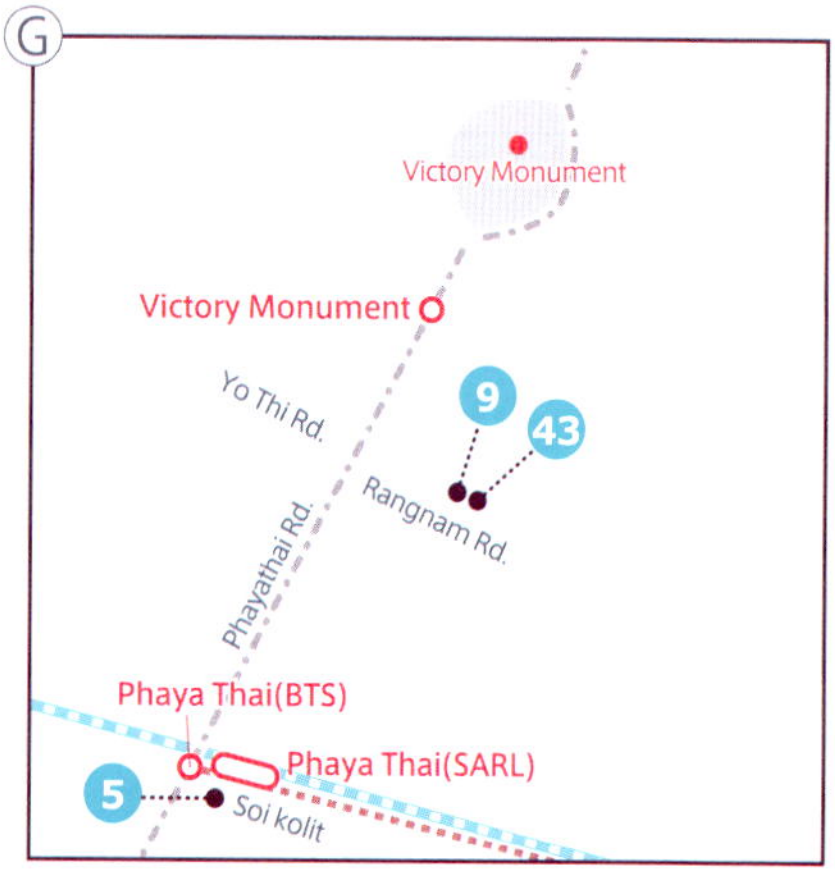

1 パトゥムケーキ

タイ料理とケーキを扱うかわいい店。1 人でも入りやすい。
23/4 Soi 39 Sukhumvit Rd.
0-2662-7117
7:30 ～ 19:00　休なし
ナムプリックガピ P16

3 ジョークルアムジャイ

炒め麺のほか、さまざまなおかずも作ってくれる注文食堂。
7/5 Soi23 Sukhumvit Rd.
0-2258-4373
7:30～22:30（日 11:00～22:00）休なし
ヤムママー P20、クイッティアオクアガイ P93

4 トンリー

素材にこだわった料理が評判。約 60 年続く老舗食堂。
64/3 Soi20 Sukhumvit Rd.
0-2258-1983
9:00 ～ 20:00　第 3 日曜定休
ヤムヘットソット P21、ムーパットガピ P79

40 サイクロークイサーン屋台

バンコク市内、至る所に同じものを売る屋台がある。
Soi 33 Sukhumvit Rd.
電話番号なし
15:00～20:00 くらい　月曜定休
サイクロークイサーン P110

5 ラチャティウィー コート フード

タイのローカルアパートの 1 階に入っている食堂。
57 Soi Kolit, Phyathai Rd.
0-2251-4660　　9:00 ～ 22:00　休なし
ヤムカイダーオ P22、ポテーク P55、ゲーンリアン P56

9 イサーンロムイェン

メニュー豊富なイサーン料理食堂。ソムタムも人気。
33/1 Soi Rangnam, Phayathai Rd.
086-554-8972　　8:00～22:00　休なし
チムチュム P28、ムーマナオ P72

43 ムーピン スートホンコン

イサーンロムイェンの前にいる屋台。似た店は街中どこにでもある。
Soi Rangnam, Phayathai Rd.
電話番号なし
5:00～18:00 くらい　月曜定休
ムーピン P114

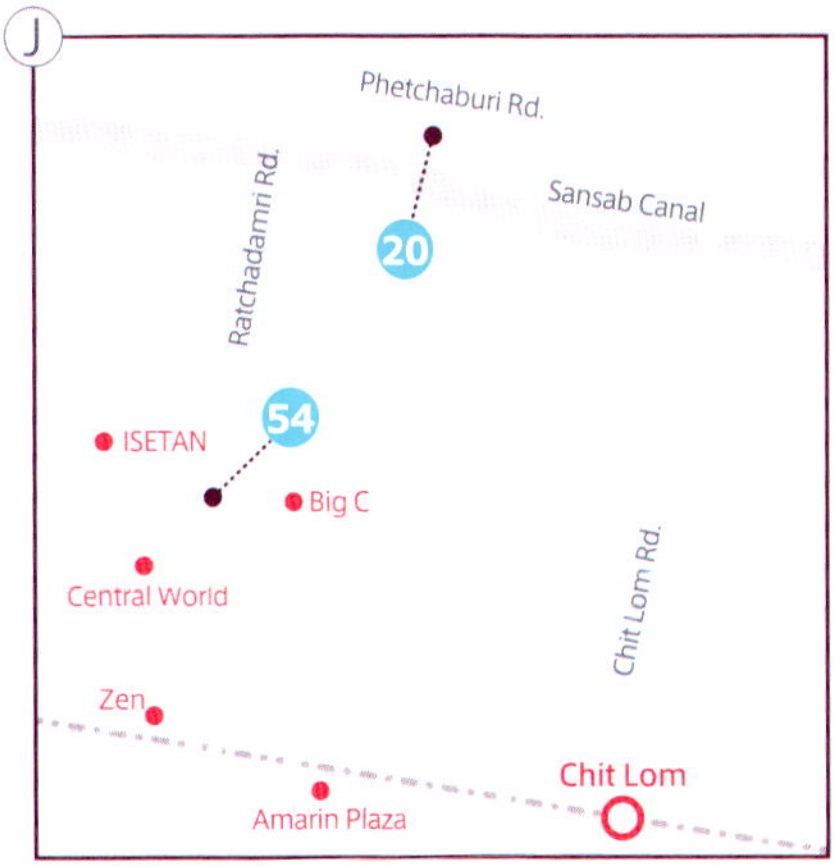

20 ガイトーンプラトゥーナーム（ゴアーン）

ピンクのカオマンガイの通称で親しまれる超人気店。
行列必至なので時間に余裕をもって行くのがおすすめ。
Soi 30 New Petchburi Rd.
0-2252-6325
5:30 ~ 14:30、17:00 ~ 翌 4:00　休なし
カオマンガイ P48

54 カノムクロック屋台

焼き上がるそばから売れて行く人気店。
パリパリに焼けた香ばしい皮が美味。
Ratchadamri Rd.(セントラルワールド前)
電話番号なし
8:00~15:00 くらい　月曜定休
カノムクロック P126

47 フルーツ屋台

２段式の豪華なフルーツ屋台。一般的にフルーツ屋台は小さなリヤカー式が多い。
Between Soi24 & Soi26 Sukhumvit Rd.
電話番号なし
9:00~18:00 くらい　日曜定休
ポンラマイタッテン P119

50 メーアム

元気なおばあちゃんが切り盛りする店。パッタイやクイッティアオクアガイも評判。
2253/5 Rama4 Rd.
081-917-6871
11:00~22:00　土曜定休
ブアローイ P124

59 カノムトーキョー屋台

バンコク各所で見かける屋台。
大きめのカノムトーキョーを売る店もある。
Soi24/1 Sukhumvit Rd.(移動する場合あり)
電話番号なし
7:00~15:00 くらい　土日月定休
カノムトーキョー P133

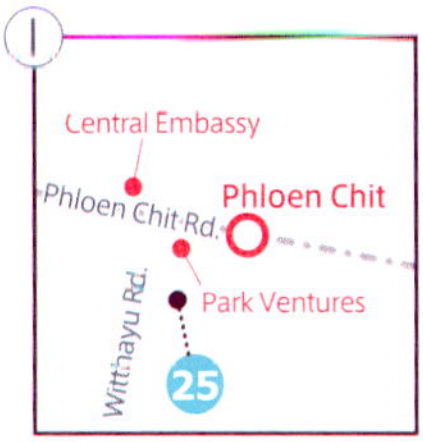

25 サグアンシー

ハイソなエリアにありながらも、家庭的なレシピを守り続けている小さな店。昔ながらのファンも多い。
59/1 Wittayu Rd.
0-22519-378 日曜定休
トムセーブ P62、カオパットアメリカン P133

M
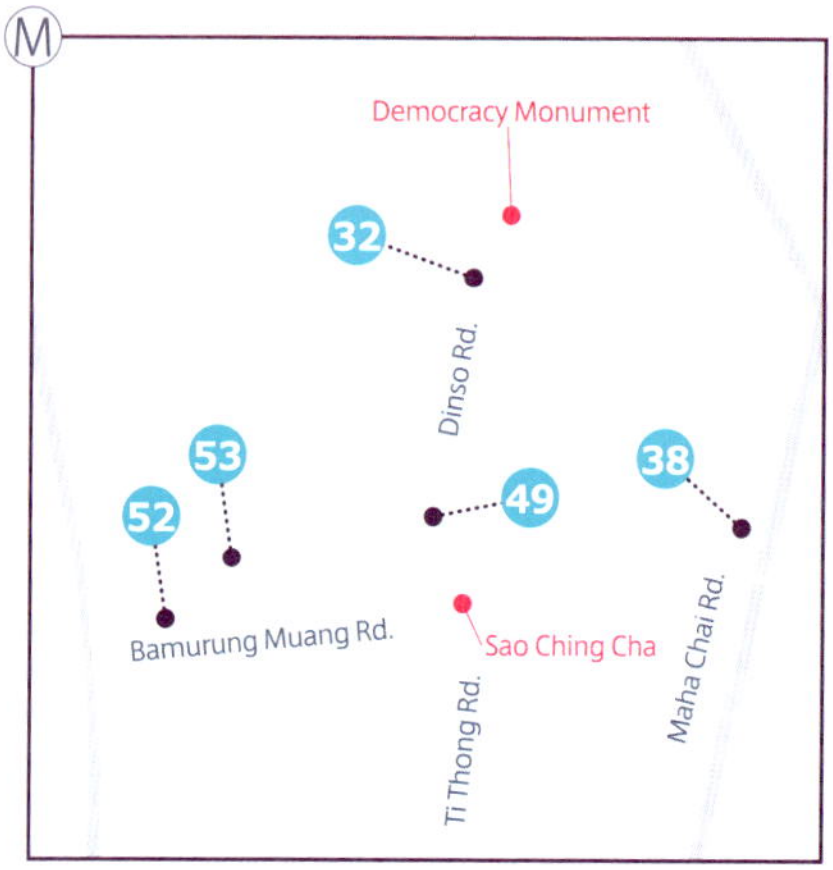

K
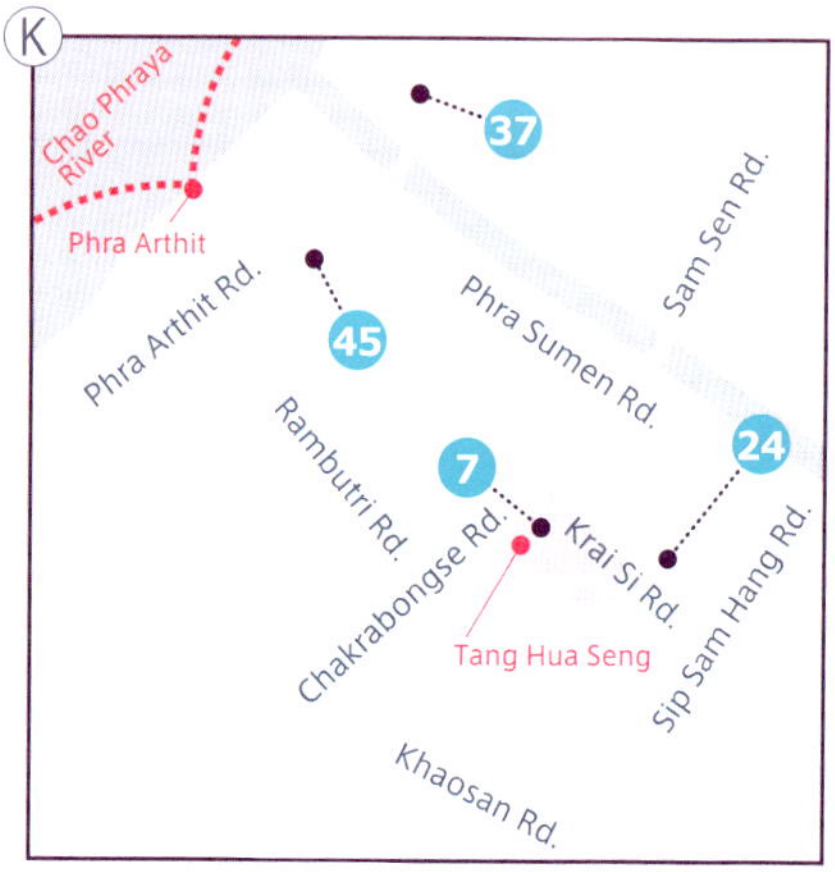

32 ティンティアオルア

旧市街にある、クイッティアオルア食堂。
カオサン通りや民主記念塔の近く。
118,120 Dinso Rd.
086-544-3392
10:00〜20:00　日曜定休
クイッティアオルア P89

38 ティップサマイ

世界各国のメディアが絶賛する創業 60 年の老舗。
どの駅からも遠いのでタクシーが便利。
313 Mahachai Rd.
0-2221-6280　17:00〜翌 3:00　隔水曜定休
パッタイ、パッタイホーカイ P102

49 ナムケンサイチェンシイム

店先にフルーツやスイーツがいっぱい並ぶタイのかき氷屋さん。
212/1 Dinso Rd.
0-2003-3152　10:30 〜 23:00　休なし
タプティムクローブ P123、ナムケンサイ P124

52 ナタポーン アイスクリーム

旧市街にあり、60 年以上続く店。電車の駅から遠くアクセス難度は高いが、老舗の名店が多いエリア。
94 Phraeng Phuthon Rd.
0-2221-3954　9:00〜17:00　日曜定休
アイスクリームガティ P125

53 ミルク ノムソット

トーストやミルクなど、素朴なおやつが食べられる。
似たメニューを出す店は、ショッピングセンター内などにもあり。
109 Phraeng Phuthon Rd.
0-2922-6166　16:00〜24:00 くらい　休なし
カノムパンサンカヤー P126

7 ヤムネーム屋台

似た屋台は街中にあるので、ライスコロッケを目印に探そう。
Chakrabongse Rd.
電話番号なし
11:00〜19:00 くらい　月曜定休
ヤムネーム P26

24 ラーンクンジム

昼前には行列のできる人気屋台。アクセス難度は高めながら、たどり着けばそこは天国。
Soi Kraisi, Chakrabongse Rd.
086-883-7676
9:30〜19:30 くらい　月曜定休
トムヤムクン P58、ホイラーイパットプリック P73、
クントートガティアム P82、トートマンプラー P111

37 ソムソーンポチャナー

40 年以上続く、知る人ぞ知るスコータイ麺の老舗。プラスメン砦の裏手。
112 Soi Wat Sangvej, Praatit Rd.
0-2282-0972
9:30〜16:00　休なし
クイッティアオスコータイ P100

45 ローティーマタバ

わざわざ遠方から訪れる人も多い、老舗の専門店。
マッサマンカレーなどもあり。
136 Praatit Rd.
0-2282-2119
9:00〜22:00　月曜定休
マタバ P117、ローティー P123

L
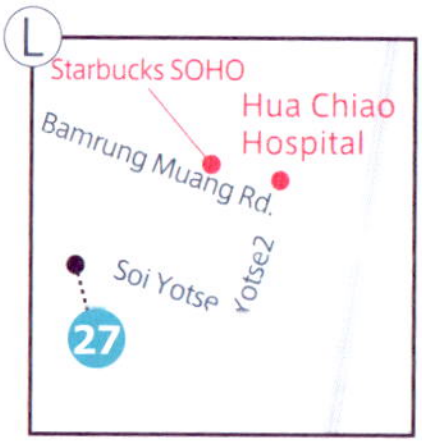

27 エルヴィス スッキー

スッキーが名物のバンコクっ子に人気の食堂。海鮮類もおいしい。
200/37 Soi Yotse, Phlab Phla Chai Rd.　0-2223-4979
17:00 〜 23:30　休なし
クンオップウンセン P74、スッキー P94

15 カオプララームロンソン屋台

カオプララームロンソンの専門店。
ヤワラートの屋台密集エリアにあるのでよく探して。
695 Mangkon Rd.
電話番号なし
7:00 ～ 16:00　月曜・不定休
カオプララームロンソン P42

34 ラートナーユーイー

創業４０年以上、ラートナー一筋の専門食堂。
563/1 Charoen krung Rd.
9:30 ～ 21:00 日曜定休
0-2224-9272
ラートナーセンミー P92

35 ニュー ユーンヨン

ヤワラー通りから１本入った通り。自家製つみれがおいしい麺食堂。
103-105 Songsawat Rd.
0-2224-4212
8:00～19:30 休なし
センレックナームルークチン P95

39 ホーイトートナーイモン

オースワンとホイトートの専門店。中華街の近く。
539 Phlap Phla Chai Rd.
089-773-3133
11:00～21:00 火曜定休
オースワン、ホイトート P108

41 カノムパンナームー屋台

オフィス街や市場などで、朝方よく見かける屋台
Soi Phalitphon, Mangkon Rd.
電話番号なし
10:00～15:00 くらい　休なし
カノムパンナームー P112

55 タオフワイ ナムキン

中華街の片隅で 50 年以上も営業している小さな屋台。周囲の雑貨店と同化して見えるので、見落とさないように注意。
Soi Phalitphon, Mangkon Rd.
電話番号なし
10:00～16:00 くらい　日月定休
ブアローイナムキン P127

56 タオトゥン

中華街は屋台の密集度が高く、スイーツ屋台も実力店が多い。この店は具材が豊富。
Mangkon Rd.
電話番号なし　7:00 ～ 16:00 くらい　月曜定休
チャオグワイ P128

57 グルアイトート ナーイスポット

サクッと、香りよく揚げたこだわりのバナナ揚げが評判。イモ揚げも一緒に売っている。バナナ揚げ屋台は市内各所にあり。
15 のカオプララームロンソン屋台そば（位置は時間帯により移動）
電話番号なし
6:00～15:00 くらい　日月定休
グルアイトート P128

58 ロートチョン シンガポール

中華街で 60 年以上続く、ロートチョンシンガポール発祥の店。
680-682 Charoenkrung Rd.
0-2221-5794
11:00～22:00　木曜定休
ロートチョンシンガポール P133

N
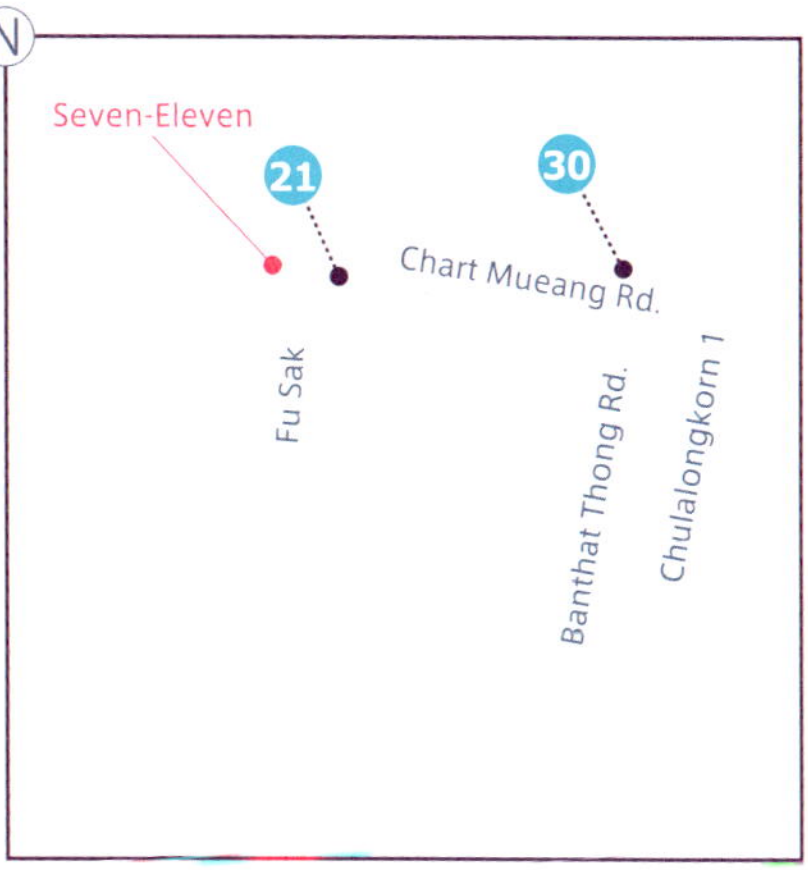

21 ジェックメン

創業 40 年以上。知る人ぞ知る、地元の名店。
昼前には売り切れてしまうので、朝早めに行こう。
108/1 Chart Mueang Rd.
081-711-6161
6:00 ～ 14:00（売り切れ次第終了）　休なし
カオマンガイ P49

30 ラーンジェーオーウカノムペット

開店と同時に広い店内が満席になるお粥食堂。

豚トロ揚げはぜひ食べてほしい。BTS のナショナルスタジアム駅からタクシーが便利。
113 Charat Mueang Rd.
081-682-8816
17:30 ～翌 1:00　休なし
ヤムタンチャイ、ヤムカイケム、パッカナープラーケム、コームートート、ガーンシアンプーマン P83

O
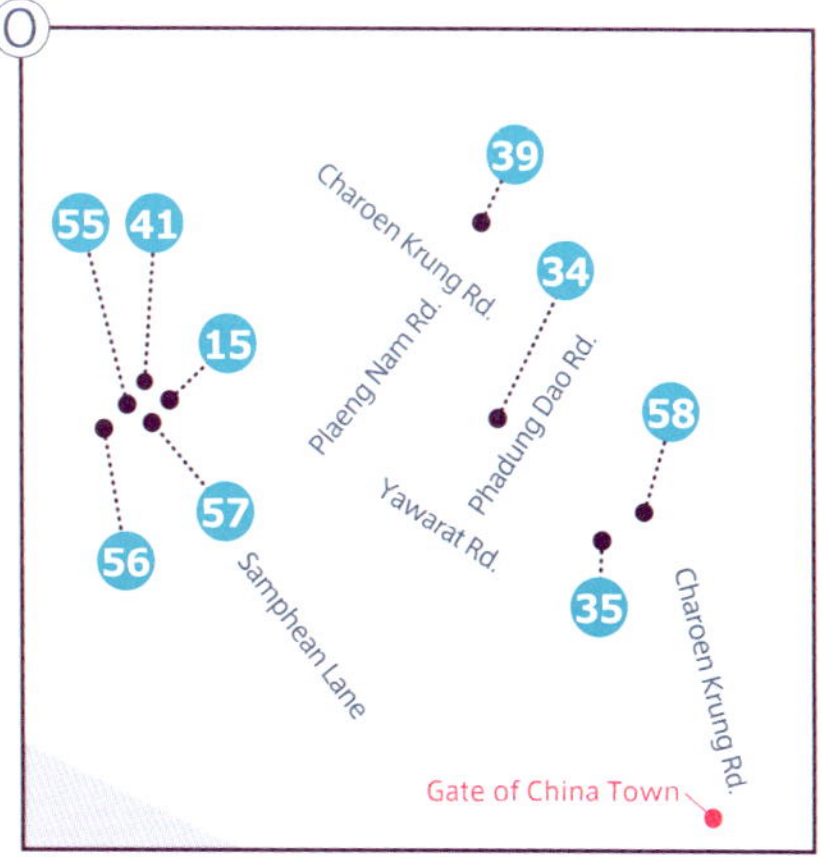

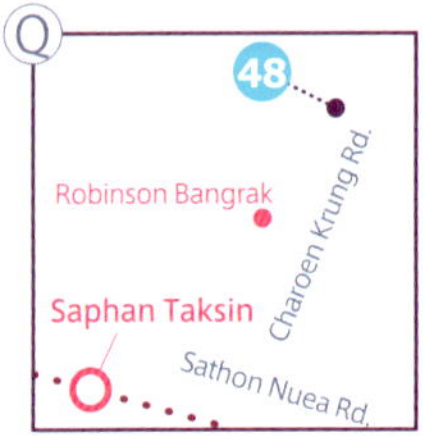

48 ブーンサップ

70 年以上続く、タイデザートの老舗。伝統的なタイデザート各種が揃う。
1478 Charoenkrung Rd.
0-2234-4086
7:00～17:00　日曜定休
カオニャオマムアン P122

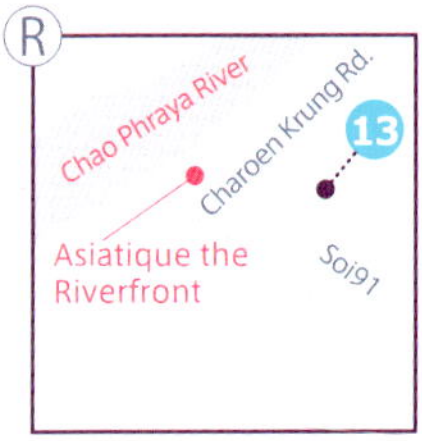

13 ポークルアトゥアン ヨートナックトゥン

店先にずらりと並んだスープ各種も評判。路地裏の小さな屋台。
2351/26 Soi 91
Charoenkrung Rd.
0-2289-5105
9:00～16:00 土曜定休
パットガパオ P38、バッカナームークローブ P40、プーパッポンカリー P78

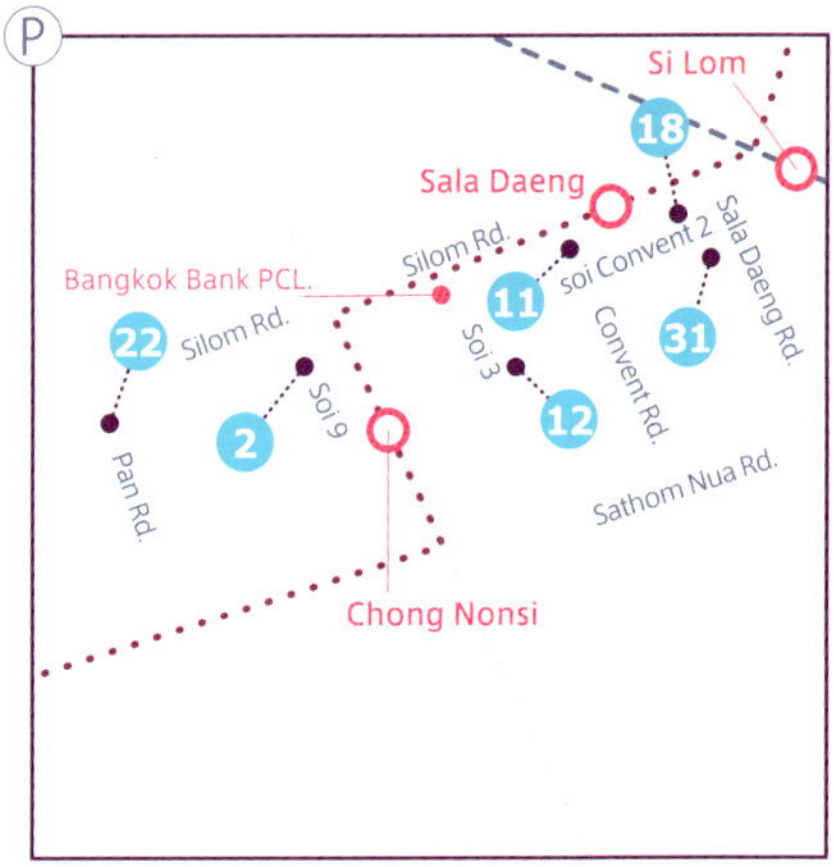

2 ラープペットヤソートン

ラープに定評があるイサーン料理屋台。
ビジネス街にあり、仕事帰りのタイ人でにぎわう。
Soi 9 Silom Rd.
081-754-9867
16:00 ～ 22:00　月曜定休
ソムタムタイ P18、ラープ P76

11 ハイ

種類豊富なソムタムとイサーン料理が楽しめる。
2/4-5 Convent Rd.
0-2631-0216　10:30 ～ 21:00(土は 20:00 まで)　日曜定休
ソムタムカイケム、ソムタムタムスア、ソムタムコームーヤーン、ソムタムプーパラー、ソムタムマムアン、ソムタムプーマー、ソムタムタイ P30

12 クルアヌンソーン

カラダにやさしい素材を使った家庭的なタイ料理が人気。
17 Soi 3(Pipat1), Silom Rd.
0-2233-3689　7:30 ～ 15:00　土日定休
カオクルックガピ P36、トムカーガイ P54、パッタイ P103

18 カオカームーサラデーン

カオカームーの専門屋台。
近くに勤めているタイ人なら誰もが知っている人気店。
Soi Saladeang, Silom Rd.
電話番号なし　7:00 ～ 17:00　土日祝定休（雨天閉店）
カオカームー P46

22 クルアアロイアロイ

おいしいカレーがたくさん揃う食堂。
この店のマッサマンカレーは特に有名。
Soi pan, Silom Rd.
0-2635-2365　9:00 ～ 20:00　第 2 第 4 日曜定休
ゲーンマッサマン P52、ゲーンキアウワーン P60、ゲーンソムカイチアオチャオム P63

31 クントーン イエンターフォートムヤム

シーロムコンプレックス裏の屋台街内のお店。
広いフードコートを見て回るのも楽しい。
Soi Convent 2（フードコート内）
電話番号なし
9:30 ～ 17:00　土日定休
インターフォー　P88

ごちそうさまでした。

◯ 著者　白石路以、美濃羽佐智子
◯ 撮影　川床和代
◯ 装丁・デザイン・マップ制作　横田光隆
◯ 校正・校閲　大竹敦子（東京出版サービスセンター）
◯ タイ語翻訳　原田美穂

タイの知人・友人たち、タイ好きの旅行者のみなさま、ご協力いただいたすべての方々に、心からの感謝を込めて。

白石路以

日本でライターとして活動した後、バンコクに渡り3年在住。現地でタイ各地の料理を学び帰国。
現在は取材のため1年の半分をバンコクで過ごしつつ、日本で唯一のタイ料理専門ライターとして活動中。
『10分で本格タイごはん』『キレイを叶える週末バンコク♡』など、タイ関連の書籍等を手がける。

美濃羽佐智子

出版社勤務を経てフリーランスとなり、2011年より3年間をタイ・バンコクで暮らす。現在は拠点を日本に移し、
アジアを旅するエディター・ライターユニット Tom☆Yam の一員。共著に『キレイを叶える週末バンコク♡』。

地《じ》元《もと》っ子《こ》、旅《たび》のリピーターに聞《き》きました。

タイ行《い》ったら これ食《た》べよう！

NDC 292
2016年1月18日 発　行
2017年2月15日 第2刷

著　者　白石路以《しらいしるい》　美濃羽佐智子《みのわさちこ》
発行者　小川雄一
発行所　株式会社 誠文堂新光社
〒113-0033 東京都文京区本郷 3-3-11
[編集] 電話 03-5800-3616
[販売] 電話 03-5800-5780
http://www.seibundo-shinkosha.net/
印　刷　株式会社 大熊整美堂
製　本　和光堂　株式会社

© 2016, Rui Shiraishi , Sachiko Minowa
Printed in Japan
検印省略
落丁、乱丁本は、お取り替えいたします。本書に掲載された記事の著作権は著者に帰属します。
これらを無断で使用し、展示・販売・レンタル・講習会等を行うことを禁じます。

本書のコピー、スキャン、デジタル化等の無断複製は、著作権法上での例外を除き、禁じられています。
本書を代行業者等の第三者に依頼してスキャンやデジタル化することは、
たとえ個人や家庭内での利用であっても、著作権法上認められません。

JCOPY 〈(社)出版者著作権管理機構 委託出版物〉
本書を無断で複製複写（コピー）することは、著作権法上での例外を除き、禁じられています。
本書をコピーされる場合は、そのつど事前に、(社)出版者著作権管理機構
(電話 03-3513-6969 ／ FAX 03-3513-6979 ／ e-mail:info@jcopy.or.jp）の許諾を得てください。

ISBN978-4-416-51601-0